언니 의자

최아란

역사를 공부하고 광고와 드라마를 만들다 결혼해 아이 기르며 수필을 씁니다. 여자로, 딸로, 아내이자 엄마로 살다 맞닥뜨린 크고 작은 실의의 면면을 적어둡니다. 통해 얻은 교묘한 노하우나 물색없는 한숨까지 옮기지요. 다시는 마주치고 싶지 않은 어리석음의 좌표도 기록합니다. 뜻밖으로 즐거웠고 가슴 벅찬 감격은 부러 크게 남기고요. 이렇게 쓰여진 글들을 딛고 나는 한 걸음씩 나아가고 있습니다.

이수영

표지 그림을 그린 화가입니다. 책 속에 나온 그림 모두 그녀의 기존 작품들이지요. 누군가를 다독이는 마음으로 한지 위에 공손히 안료를 쌓아가고 있답니다.

언니 의자

최아란 수필집

솜솜
담담

[프롤로그]

전직 공주님

둘만 낳아 잘 살자던 즈음이었을 겁니다. 분만실에서 공주님 칭호가 시작된 건. 살림 밑천 따위의 구식 별칭을 벗어던진 우리는 본격적으로 공주로 태어나 귀한 딸로 자랍니다. 모든 왕자들과 경쟁하고 노력해왔지요. 왕자의 덕목과 공주의 덕목은 크게 다르지 않았고, 개구진 친구들과 멋진 언니들이 있어 외롭지 않았습니다.

모든 초행이 그렇듯 이 여정이 순조롭기만 했을 리 만무합니다. 그러나 가늠하기 어려운 가능성 덕에 더욱 설레기도 했답니다. 여자라서 '예민하게' 굴지 않으려 일부러 더 능청스레 굴었던 일도 고백해야겠네요. 조금은 쓸쓸한 그 마음을 헤아려주는 사람과 연애도 합니다. 결혼을 하고 아이도 낳지요. 새로운 왕자님 공주님이 태어나게 되는 겁니다.

모두가 황족인 이 가정에 처음부터 양보의 역할을 부여받은 사람은 물론 없습니다. 하지만 때로 공존은 어느 한쪽 녹신하게 져주는 희생 안에서 천진난만하게 빛나곤 하지요. 엄마는 새 공주님에게 그걸 해주기로 마음먹습니다. 너의 안녕을 위해 나의 아홉 폭 드레스를 잠시 벗어놓겠다고요.

나의 글은 그 일과 함께 시작되었습니다. 아니, 그 일이 시작되고 뭔가 생각처럼 아름답게만 흘러가지 못할 때부터인 것 같습니다. 난감하고 서운하고 무섭고도 고독한 웅덩이가 길 여기저기에 놓여 있었거든요. 뛰어넘어지지 않는 넓고 깊은 물길 앞에서 나는 종종 주저앉거나 흠뻑 젖어 지친 꼴로 고비를 넘겼습니다. 그렇게 평화를 잃고 얻고 깨닫고 다짐하며 써 내려간 글들을 여기에 징검돌로 내려놓습니다.

함께, 또는 뒤따라오는 누군가에게 도움이 되면 좋겠네요. 이를테면 나의 두 딸. 작고 여린 것을 쪼그려 앉아 살피는 누군가. 세상에 흔해 빠진 상실과 불의에도 끈덕지게 슬퍼하고 위로할 줄 아는 누군가에게 말입니다. 피할 자리와 디딜 자리 권하는 내돈내산 후기쯤 되려나요. 공존을 위해 먼 길 둘러가기 마다 않아온 이들에게 바치는 연시이기도 합니다. 함께 힘내자고 써본 행운의 편지이기도 하지요. 그 편지를 받은 이수영 화가가 그림으로 이야기를 이어 여러분께 부칩니다.

  잊지 맙시다. 우리는 다 공주님이었단 걸. 시련의 물웅덩이를 맨몸으로 건너느라 행색이 조금은 초라해진 당신도, 아픈 엄마나 철없는 식구, 또는 버거운 살이와 달아나는 꿈 때문에 자존감이 남루해진 당신도 모두 공주님으로 태어났다는 걸요.

우리의 찬연했던 시작이 가물거리고, 용맹스러운 품위와 선한 임무가 거추장스러워질 때 이 글이 당신의 고귀함을 상기시켜 주길 바랍니다. 무척이나 사랑받고 염려 받아온 그대가 함부로 낙담하고 자책하는 건 못 보겠네요. 나라도 언니가 되어 당신을 위로해야겠습니다.

여기 의자에 앉아 이야기를 시작해봅시다. 속상한 일 많죠? 근데 참, 밥은 먹었나요?

2022년 1월

최아란

[차례]

[프롤로그] 전직 공주님 04

언니 의자 12   밥과 똥 18   자유 낙하 26
앓던 이가 빠지면 32   그 사랑 다시 하고 있습니다 38
아기들의 밤그림자 46   밤에 크는 아이들 52
마니차 58   씽씽 64   푸릇푸릇 70

엄마 없이는 78   달팽이할머니 86   예뻐할머니 94
우리를 여기로 데려온 사람들 100
목련 꽃받침 106   이음 112   알타리할머니 118
마리데레사 124   글 몰라도 시인인 자 130
할매 펜트하우스 136

엄마와 딸과 그 딸 146   여탕보고서 152   멀미 162
지영아 고마워 168   봄갯벌 174
할머니 여승 여자애 178   칼 186   소실점 192
그렇지 못해서 그렇다고 하는 말 198
또렷한 위로 206   잘 지내니 212

[스승님을 그리며] 매 맞는 시인 219
[에필로그] 밥풀 223
[작가를 만나다] 감각이라는 새로운 창 이운경 226

언니 의자

밥과 똥

자유 낙하

앓던 이가 빠지면

그 사랑 다시 하고 있습니다

아기들의 밤그림자

밤에 크는 아이들

마니차

씽씽

푸릇푸릇

언니 의자

큰애 친구 중에 한참 어린 동생을 둔 아이가 있다. 둘은 필시 그런 공통점으로 친해졌을 것이다. 예닐곱 살 손위의 맏딸로 살아가는 공감대가 분명 있을 테니까. 주말에 둘이 함께 참여하기로 한 학교 행사의 세부 일정이 나왔는데 저녁 늦게야 끝나겠더란다. 우리 딸이 걱정 삼아 너무 늦는 거 아니냐고 말을 건네니 그 친구 답이 이렇게 돌아왔다.

난 좋아. 집에 있으면 동생 돌보기 힘든데 잘됐지 뭐.

아아. 장녀의 고단함이란! 참고로 우리 딸은 동생이랑 주말에 붙어 지내는 게 좋다고 말해서 엄마를 감동시켰다. 아아. 이 후덕한 마음 씀까지.

글꼴에서부터 언니, 누나라는 말에는 엄마를 흉내낸 넉넉함이 깃들어 있다. 편안한 의자를 닮은 글자 ㄴ이 중심에 놓여 새되거나 거칠지 않고 부드럽고 안락하다. 엄마라는 말만큼 묵직하지 않게 가볍고 발랄하여 동기간의 즐거움까지 느껴진다. 엄마, 어머니에 등장하는 ㅁ이 좀 더 타협 없이 안전한 네모 요람인 것과 비교된달까.

　의자가 되어주는 언니에게 기대어 자매가 도란도란한 모습을 떠올리면 손아래의 어리광도 함께 그려진다. 동그랗게 울리는 ㅇ 받침 때문인지 동생이라는 단어에는 귀엽고 앳된 느낌이 있다. 배냇머리 보드라운 머리통이 떠오르기도 하고, 죄 없이 말간 두 눈이 생각나기도 한다. 진득하고 신중하여 귀여움 떠는 것과는 거리가 멀지만 눈이 큰 내 동생의 혼자 먹는 저녁밥을, 나는 아마 두고두고 안쓰러워해야 하리라.

　오빠라는 단어가 아빠 버금이라는 데서 나왔을 거라는 상상은 쉽게 해볼 수 있다. 나는 연애 때부터 결혼 초까지 남편을 오빠라 불렀는데, 그가 겨우 두 살 차이 가지고 얼마나 어른 행세를 했나 모른다. 뭐든 오빠가 알아서 해준다며 보호자 노릇을 한 것이다. 친가 외가 통틀어 맏이였고 본보기였고 기대치였던 내가 그런 듬직한 오빠에게 홀리지 않을 재간이 없었다. 육 남매 막내였던 그는 이 년여 간 오빠 노릇을 옹차게 하더니 지금은 마누라를 믿고 따르는 날이 많다. 물론 듬직한 아빠인 것은 틀림없다.

 아빠, 아버지에 나오는 ㅂ은 커다란 바구니를 닮았다. 넘치지 않게, 새어나가지 않게 뚜껑까지 달려있는 튼튼한 모양새다. 한 달에도 몇 번씩 꾸리고 푸는 우리 남편 출장 가방 같기도 하다. 젊은 나이에 애 둘 아빠가 된 일본지사 직원이 40년 상환으로 제집을 지었다고 하자 남편은 그게 다 자신의 빚 같다고 했다. 자기 지략과 건강과 패기로 회사를 건실히 이끌어야 하니까. 그래서 우리 식솔에다 직원들 가족까지 합친 대식구를 먹여야 하니까. 2층짜리 주택 한 채가 또 그렇게 그의 가방에 실린다.

 대신 들어줄 수 없는 그 무거운 가방을 뒤로하고 나는 우리 큰애의 의자가 더 마음 쓰인다. 장녀라서, 나를 닮아서, 나보다 더 마음결이 고와서 넉넉한 ㄴ은 자 두 개에 정작 자신은 앉아 쉬지도 못할까 봐. 동생에게 내주고, 친구에게 내주고, 오가다 만난 길고양이에게까지 내주는 착한 아이인데, 염치없이 나까지 가끔 그 의자에 털썩 엉덩이를 걸치는 건 아닌지 모르겠다.

생각해보면 아이는 늘 부모의 작은 의자였다. 제 고개를 가누지 못하던 시절부터 나는 잠깐씩 그 의자에 앉아 하소연을 늘어놓곤 했다. 엄마도 엄마가 처음이라서, 라는 레퍼토리는 지치지도 않는다. 엄마가 다 너를 사랑해서, 라는 말도 얼마나 만사에 얼버무리기 좋은 멘트인지. 그때마다 아이는 제 의자의 크고 작음을 개의치 않고 나를 안락하게 보듬어 주었다.

그 덕에 나는 외로움에 오돌오돌 떨지 않았고 삐뚤어질 겨를 없었다. 냉소적인 자기연민이 고개를 치켜들다가도 내 등에 닿은 포근한 온기에 기죽어 슬그머니 자취를 감추곤 했다. 평화를 갈구하며 치르는 맹렬한 전투 중에도 그 의자에 앉아 쉬었고, 소소한 승리 때마다 그 의자에서 진심 어린 축하와 격려를 받았다. 신세 진 내가 이번에는 그런 의자가 되어야 옳다. 아이가 그러라고 나를 이렇게 충만한 어른으로 키우는 거다.

마음 고된 이들에게 척척 묘안을 건네주진 못하더라도 잠시 앉아 마음 살필 수 있는 의자가 되어주리라. 속상하겠구나 울고 싶겠구나 편들어주는 언니. 나도 잘 몰라서 그저 옆에 앉아 같이 떨고 화내고 낄낄거리는 언니. 그런데 밥은 먹었는지가 제일 궁금한 언니. 가만가만 너의 등을 쓰다듬어 주는 그런 언니, 언니 의자.

밥과 똥

그렇다. 그다지 상쾌한 주제는 아니다. 어제도 그제도 먹은 밥에 무슨 참신함이 있을 것이며, 후자에 대해서는 아예 말을 말자. 하지만 여기에 갓난아기가 등장하면 얘기가 조금 달라진다. 자고로 광고업계에서도 3B, 즉 미인Beauty 동물Beast 아기Baby가 등장하면 사람들 환심을 끌 수 있다 하였다. 그러므로 조금만 더 인내를 가지고 읽어주길 바란다.

 둘째 젖 물릴 때 얘기다. 산고보다 힘들다는 젖몸살을 헤치고 한 달 만에 닥친 유구염을 뚫고 마침내 백 프로 모유만으로 아기를 먹이는 중이었다(이렇게 젖 뗄 때까지 모유만 먹인 것을 엄마들끼리 '완모'라 부른다. 분유만 먹이는 '완분', 섞어 먹이는 '혼합'과 구분된다).

많이 터울 진 둘째인데다 마흔 넘긴 노산이라서 제대로 물릴 수 있을지 걱정이었다. 몸의 영양이 한 번 빠져나간 상태로 큰애 챙기기까지 바쁜 대부분의 다자녀 엄마는 둘째 완모가 어렵다고들 했다. 하지만 첫째에게 11개월까지 모유 수유를 한 나로서는 쉽게 단념하고 싶지 않았다. 세 돌 넘도록 잔병 한 번 안 치른 제 언니에게 하던 만큼은 해주고 싶었고, 늦은 엄마이기에 앞으로 포기해야 할 수많은 과제 중 첫 미션을 보란 듯 뛰어넘고 싶었다. 무엇보다 함께 땀을 쩔쩔 흘리며 아기와 심장을 맞댄 채 젖을 물리고 빠는 그 벅찬 감격을 놓치고 싶지 않았다.

  정말 힘든 일이다. 누구와도 분담할 수 없는 일이고 잠시도 쉴 수 없는 일이다. 하루 도합 네댓 시간씩 반년만 해보면 등이 끊어지고 어깨가 주저앉는 일이다. 외출했을 때 적당한 수유실이 없으면 난처한 일이고, 그렇다고 화장실에서 숨어 먹이기엔 분통한 일이다. 그래도 하고 싶은 일이다. 거룩한 일이다. 둘째든 셋째든, 제왕절개를 했든, 쌍둥이든, 유축기로 짜서 젖병에 담아 먹이든 어떻게든 모유를 먹이고 싶다 엄마는. 그렇게 가슴 마사지를 받고, 젖 잘 나오는 한약이며 허브티를 마시고 완모를 향해 용맹정진한다.

그리고 밥이다. 아주 기를 쓰고 밥을 먹어야 한다. 소고기나 조개, 때론 생선으로 끓인 미역국으로 삼시 세끼를 챙겨 먹는다. 아침은 학교 가는 큰딸과 함께, 점심은 조용히 빠르게 국에 말아서, 저녁은 남편 퇴근 후나 가까이 사는 친정 엄마가 와계실 때 먹는다. 필사적으로 먹은 밥이 아기 몸속으로 젖이 되어 흘러간다. 내 배 속에서 빠져나와 이제는 각자의 밥통을 가지게 되었건만 우리는 아직도 한 밥을 먹고 있는 셈이다.

때로는 끼니를 거르고 그저 자고 싶기만 하다. 고픈 배야 나중에 빵 한 조각으로 때워도 그만이고 너무 피곤할 때는 허기를 느끼기도 고된 법. 하지만 먹어야 나온다. 확실하다. 즐겁게 먹든 힘들게 먹든 뜨신 밥을 푹푹 떠먹어야 젖이 나온다. 식사 중간쯤에 벌써 짜르르하고 젖 도는 느낌이 난다. 아기 잘 때 따라 누워 버리고 한 끼를 놓치면 다음 젖 먹일 시간까지 가슴이 단단히 차질 않는다.

보통 체구의 여성 기준으로 하루 2천5백 칼로리의 밥과 간식을 먹어야 한단다. 기름져서도 안 되고 자극적이어서 안 되며 카페인이 들어서도 안 된다. 고춧가루가 많이 든 것도 삼가며, 회충약을 먹을 수 없으니 날것도 위험하고, 밀가루 음식 또한 아이 속을 불편하게 할 수 있다. 양질의 단백질을, 경험상 따뜻하게 먹는 게 좋더라. 그렇게 밥상을 차린다. 냉장고에서 미리 해둔 반찬통을 꺼내지만 밥과 국만은 뜨겁게 먹는다.

콩과 보리를 섞고 현미와 백미를 보태 저녁마다 밥을 안친다. 솥뚜껑을 열면 밥 냄새가 와그르 쏟아져 나온다. 들큼하면서 따끈한, 그 풍요로우면서 노곤한 정경 가운데 나는 코를 쿵쿵거리다 문득 어떤 낌새를 차리고 아기방으로 달려간다.

아이쿠! 우리 아기 응가 했나 보네.

후다닥 말짱한 기저귀 들춰보기를 여러 번. 나는 그제서야 밥 냄새와 아이 똥 냄새가 똑같다는 것에 탄식했다. 그렇다. 내 밥이 젖이 되고 그 젖이, 오로지 그 젖만이 아이의 순결한 내장을 적시고 다독여 샛노란 똥이 되어 끝나는 것이다. 이토록 온전한 밥의 여정을 본 적이 있는가.

동화처럼 흐뭇한 밥의 여정이, 그 똥이 나는 무척이나 감격스럽다. 기저귀를 벗기고 보드라운 엉덩이를 씻기면서 나의 밥이 소임을 다한 것을 눈물겹게 바라보곤 하였다. 낮잠과 바꾼 밥, 뜨신 김이 목덜미를 껴안던 밥, 친정 엄마가 아픈 어깨로 손녀를 안아주며 지켜낸 딸의 밥. 그 밥이 가만가만 제 길을 따라, 엄마에게서 아기로 이어지는 길을 따라, 새 생명이자 신인류, 미래와 희망으로 연결되는 길을 따라 여행을 마쳤다. 그리고 또 반복된다. 저 미래가 더욱 딴딴해질 때까지, 더욱 안전해질 때까지 밥의 일은 계속된다. 엄마의 일, 엄마의 엄마의 일도 계속된다.

이 일이 너무나 아름다워서 나는 이렇다 할 생색도 못 내겠다. 제대로 먹지 못해 두 가슴을 달고도 갓난아이를 굶기는 가난한 엄마들. 울 힘조차 없어서 흑요석 같은 눈만 끔뻑이는 여윈 아기들을 어찌하면 좋을지. 눈물로 젖 한 방울이 빠져나가는 것도 아까워 고개를 돌리고 마는 나는 그저 할 수 있는 일에 감사할 뿐이다. 보얀 미역국과 차진 쌀밥의 일, 유채꽃 같이 만개한 똥의 일을 추억하며 평생 뜻해야 할 것이 무엇인지를 곱씹는다.

이제 아이는 제 손으로 밥술을 뜬다. 내 근심이 있는 날에도, 제 할 일이 많은 날에도 우리는 때맞춰 반듯한 식탁에 앉아 밥을 먹는다. 마주 앉은 너를 보며 네가 내가 아니고 너인 것이 새로워 자꾸만 녀석의 팔을 주물러 본다. 크게 뜬 숟가락 앞에서 너의 입이 열리고 아비가 벌어온 밥, 어미가 지어준 밥이 네게로 들어간다. 그 여정이 늘 알맞고 순하길. 어느 한 곳 빼놓지 않고 네 안의 것을 덥히고 펼치고 충만하게 하길 빈다.

  나도 밥을 삼켜 밥의 길을 낸다. 내 밥이 가야 할 길, 밥으로 해야 할 일을 다짐한다. 글로써 밥을 벌지는 못하더라도 밥 먹는 이유는 되고자 한다. 누군가의 허기진 가슴으로 흘러 들어가 흐드러진 꽃무리를 남길 수 있도록, 오늘도 글 지어 따뜻할 때 내어 올린다. 내가 당신의 고민을 잠시 안고 있을 테니 식기 전에 어서 한술 뜨시길.

엄마의 온도 | digital, 2021

나쁘고 슬픈 것은 아기 꿈속으로도 내려앉을 수 없겠지.

저토록 빈틈없이 따듯하고 안전한 품에서라면.

어릴 적 내가 엄마 품에서 그랬던 것처럼

이제는 내가 엄마 등을 가만히 쓸어주고 싶다.

토닥토닥. 나쁘고 슬픈 건 얼씬도 못 하게.

자유 낙하

어느 초겨울이었나 봐요. 더 이상 은행 열매 냄새는 나지 않고 낙엽 밟는 소리만이 청명한 아침이었습니다. 나뭇잎 몇 장 겨우 달린 가로수 아래에서 유치원 버스를 기다리는데 딸아이가 난데없이 이런 걸 묻는 겁니다.

엄마는 자유가 좋아?

분명 어떤 생각 끝에 한 말일 텐데 도무지 그 머릿속을 가늠할 수가 없었습니다. 하지만 대답만큼은 분명하게 할 수 있었지요. 두 번도 생각할 것 없이요.

그러엄. 좋아하지. 엄청 좋아해.

아이는 그럴 줄 알았다는 듯 자기도 그렇다고 말합니다. 그런데 이 녀석, 자유가 뭔지는 아는 걸까요?

자유는, 은행잎이 바람 때문에 떨어지지 않는 거야.

자기가 떨어지고 싶을 때 스스로 내려오는 거.

자연은 위대한 스승이고, 그 스승으로부터 깨달음을 얻는 건 어른들만이 아니었던 겁니다. 아직 인간계보다 자연계에 가까운 아이들은 자연이라는 원문을 번역해 도리어 우릴 가르치고 있었어요. 자연의 속내나 우주의 비밀 같은 걸 통역해주는 거죠.

고정 관념이니 교양이니 하는 필터에 갇히지 않은 아이의 표현은 간명하고 싱싱합니다. 자기가 아는 몇십 개의 단어만을 가지고 일반 개념들을 직관적으로 서술해내요. 자칫 원색적일 수 있는 부분은 귀여운 목소리와 표정으로 보완이 되지요. 그렇게 아이를 통해 심오한 일리의 실타래를 풀며 성장해가는 건, 우리 덩치 큰 학생들의 기회이자 의무가 아닐 수 없습니다.

나의 작은 선생님은 저토록 멋지게 자유를 정의 내린 후 유치원 버스에 올랐습니다. 차가 조금만 더 늦었더라면 "근데, 엄마는 자유로워?"라는 질문을 받았을지도 모르겠습니다. 천만다행이네요. 그 질문엔 아까만큼 빨리 답할 자신이 없거든요.

사실 나는 무척 자유로운 처지입니다. 근태를 감시하는 상사도 없고, 점심 메뉴를 일괄적으로 정해버리는 부장님이나 구내식당도 없지요. 내 의지에 반하는 행위를 지시할 사람도 없고, 월급에 저당 잡혀 신념을 저버릴 일도, 나만의 흐름을 방해할 팀 스케줄이나 협업하느라 공동 책임을 져야 할 파트너도 없어요. 그런 의미에서 나는 일하고 싶을 때 일하고, 먹고 싶을 때 먹고 싶은 것을 먹고, 쉬고 싶을 때 내가 원하는 방식으로 쉴 수 있답니다.

하지만 자유는 타율에 대한 저항에만 머물러 있지 않습니다. 아이 표현을 빌리자면 '비바람에 맞서는 것'도 전제되어야 하지만 '언제 어떤 방식으로 떨어질지 스스로 정하는 것'도 포함되어야 하기 때문입니다. 후자를 미리 염두에 두어 계획해 둔 바가 없다면, 겨우 비바람을 이겨냈다 해도 그 자유는 절반에 지나지 않습니다. 어쩌면 시간이 갈수록 그 반마저 거추장스럽게 여겨질지 모릅니다. '아까 바람 불 때 그냥 날려갈걸. 못 이긴 척 흐름에 묻어갈걸.' 하면서 말입니다. 즉 자유란, 타의에 대한 항거가 끝난 자리에 자의적 통제와 책임감이 들어서는 리모델링 과정이라고 할 수 있겠습니다.

그런 의미에서 나는 빨래 통이라는 새로운 상사를 모시게 되었습니다. 그것이 가득 차오르면 나는 압박을 받게 됩니다. 날씨라는 동료가 도와주지 않으면 세탁기만 돌린다고 해결되지도 않아요. 나의 상사는 만성 비염이기도 합니다. 나와 가족의 건강을 위해 매일 청소하지 않으면 안 되거든요. 나는 언제고 잠들 수 있지만 내일의 컨디션을 위해 제시간에 자러 가야 하고, 무엇이든 먹을 수 있지만 쓰레기를 덜 버리고 지갑을 덜 열기 위해 냉장고에 든 것부터 먹어야 합니다. 피곤해도 아이 앞에선 생기 넘치는 엄마가 되고, 간혹 견해가 다른 남편의 비위도 맞추곤 하지요. 한 번쯤 친정 부모님께 아이를 맡기고 혼자 밤마실이라도 해볼까 싶어도 괜히 안 하던 짓 하여 어른들 근심을 살까 관두고 맙니다.

이런 형편이 불편하고 불쾌한가 하면 꼭 그렇지는 않습니다. 나의 쾌적한 현재와 유의미한 미래를 위한 자발적 선택이기 때문입니다. 능동적으로 스케줄과 방식을 정해 움직입니다. 끌려다니지 않으며 예측 가능하니 내심 기껍습니다. 그러므로 나는 자유로운 사람입니다. 언제고 아이가 다시 물어오면 자신 있게 답할 수 있겠습니다.

가을 열매와 겨울 잎이 떨어진 자리에 봄 새싹이 돋습니다. 씨앗 자리잡은 곳에 잎들이 내려와 보듬고 격려한 덕이겠지요. 풀꽃과 벌레들에게도 따뜻한 이불과 양분이 되어줍니다. 지난 계절 그 낙하가 얼마나 면밀히 계획된 것인지 나는 가늠조차 할 수 없습니다. 비바람을 이겨내며 스스로 떨어질 때와 장소를 정하고 후일을 도모하는, 자유로운 나무의 의지이자 자유로운 자연의 섭리를요.

오늘도 나는 아이의 잠언 한 구절을 얻어듣고자 거실을 닦고 빨래를 개어 놓고 간식을 마련해 기다리고 있습니다. 글 쓰는 사람에게 영감이 자라는 텃밭이 있다면 바로 이런 걸 테지요. 아이와의 교감 속에 싱싱한 방울토마토와 푸성귀가 무성하네요. 평상시 다정히 돌보다가 영그는 대로 똑똑 따서 글로 차려내기 그만입니다.

쏠쏠한 작황에 문제가 생기지 않도록, 아이가 천진함을 잃고 상식 안에 갇히지 않도록, 그 또렷한 직감의 언어가 학문의 그늘에 가려지지 않도록 더욱더 분방하게 길러야겠어요. 자유의 기쁨과 무게를 즐기는 아이는 지는 때를 정한 잎과 같이, 피는 때를 정한 꽃과 같이 얼마나 영롱하고 싱그러울까요.

앓던 이가 빠지면

명절에 손님상깨나 치른 어느 며느리가 일가친척 다 보내고 '앓던 이 빠진 듯 시원하다.' 했다 한다. 친구끼리, 또는 남편한테나 눈 흘기며 슬쩍 한 소리가 어떻게 흘러나왔는지 몰라도, 왔다 간 식구들 들으면 퍽 섭섭하겠다. 온갖 통증 중에 밤낮으로 수굿해지지 않는 거로 치통만 한 게 없다던데. 그러나 집집마다 백인백색 크고 작은 골치들이 산재하는 데다 남의 속 아픈 것까지 짐작해 논할 수 없으니 며느리 얘기는 일단 넘어가자. 다만 가족을 '이'에 비유한 것이 탁월해 잊기 전에 글로 옮긴다.

   갓 태어난 아기에게는 이가 없다. 가족이라는 개념이 아직 없는 것과 같다. 신생아실 유리창 너머로 온 식구들이 코를

들이대고 갓난쟁이 구경한다고 난리지만 사실 아기는 그들이 잘 보이지도 않는다. 생후 6개월쯤 낯가림을 시작하면 젖니가 올라온다. 엄마와 엄마 아닌 사람을 구분하고, 자주 보는 할머니와 가끔 보는 할머니를 가릴 때가 되어야 이라는 게 생기는 것이다. 이모에게 다가가 안기고, 고모를 알아봐 웃으면서 윗니 두 개가 더 나고, 큰할아버지 작은할아버지 큰삼촌 작은삼촌 하면서 다른 치아들도 연이어 돋는다. 그렇게 난 이로 한 밥상에 자리하고 앉아 오물오물 밥 씹는 것을 보면 영락없이 닮은 꼴 우리 식구다.

미운 일곱 살 짓을 시작하면 슬슬 젖니가 빠진다는 신호다. 내 품에만 있을 것 같던 꼬맹이가 유치원을 다닌다, 혼자 뭘 한다 하면서 슬슬 엄마 말에 반항도 하고 또래 간에 비밀도 만든다. 그렇게 엄마는 좁쌀만 한 젖니를 뽑아 간직하며 꼭 그 크기만큼 내 품을 떠난 아기 생각에 가슴 뭉클해진다. 이제 곧 입학을 하게 되면 저 앙증맞은 젖니들이 모두 차례로 빠질 것이다. 물론 그 자리엔 튼튼한 영구치가 들어서겠지. 엄마처럼, 할머니처럼 저도 꼭 스물여덟 개의 이로 평생을 먹고 말하고 이 악다물며 살아갈 것이다.

사랑하는 사람을 만나 새 가족이 생기려 할 쯤엔 사랑니가 나기도 한다. 처음부터 뿌리가 같은 혈연이 아니라 앞으로 가지를 뻗고 열매를 맺을 관계는 사랑니 통증처럼 불편할 때도 있다. 서로 다른 집안에서 다른 방식으로 자란 두 사람이 처음부터 자연스럽게 조화를 이루기란 쉽지 않은 일이다. 잇몸을 간질이며 순조롭게 돋아나던 젖니처럼은 안 되는 것이다.

그렇게 낯선 것, 섭섭한 것, 뜻대로 안 되는 것들을 거치며 충치가 생기고 깨지기도 하고 흔들리며 탈이 난다. 그렇다고 그때마다 이를 갈아 끼울 수야 있나. 레진이니 브릿지니 하는 거로 가리고 덮고 고쳐서 살아갈밖에. 썩어 문질러 가는 자리는 금덩이 같은 자식으로 메우고, 내 편 들어주는 시누이를 징검다리 삼아 괜찮은 척도 해보고, 지나간 과오는 서로 간 비슷한 색의 용서로 덮어씌우기도 하면서 말이다.

물론 앓던 이 뽑듯 관계를 끝낼 수도 있다. 그러나 가족은 그런다고 해서 모든 고통이 단박에 정리되지 않는다. 맞물려 부딪치는 치아를 없애면 음식 씹기도 어렵고 발성 발음마저 달라지는 데다 오래 두면 맞은편 이가 앞으로 돌출해 들뜨는 것과 같다. 내밀한 입안의 일이 무너지는 것이다. 고생 끝에 임플란트나 틀니를 한다 해도 비용과 시간이 많이

들뿐더러 부작용이 많고 심미적으로도 원래 모습만 하지 않다. 하기야, 누가 최첨단 최고급의 의수를 갖고 싶어 하겠는가. 처음부터 나고 자라 뜻대로 움직이는 내 팔다리가 최고지.

 부모를 여의듯 늙고 병든 이가 빠지는 날도 온다. 몸의 일부를 잃는 것이다. 비통함과 허무함에 이런저런 것으로 빠진 자리를 채워보지만 무엇도 같을 순 없으리라. 나의 일부일 때 더 잘할 걸, 더 귀히 여길 걸 하는 회한만이 고독한 밤이든 와자한 날이든 욱신욱신 빈자리의 아픔으로 다가올 따름이다.

 몇 년 전엔 아버지를, 더 오래전엔 어머니를 잃은 남편의 명절이 아마 그랬을 것이다. 조부모 묘 앞에 선 딸아이의 노랫소리가 낭랑하여도, 처가 식구들 환대가 요란하여도 그 속사정은 이 없이 나오는 말인 양 헛헛할 것이다. 남은 이라도 소중히 하자 싶어 연휴 하루엔 혼자 사는 시누이를 불러 저녁을 먹었고, 다른 날엔 형님 조카들과 하룻밤을 뒤엉켜 잤다. 누구보다 나부터가 그에게 단단히 맞물려 자리를 지키고 구실을 하는, 어금니 같은 아내가 되고자 한다.

 가족이든 치아든 그 무엇이라도 언젠가 탈이 나고 틀어질 수 있다. 잃거나 헤어지는 마지막 순간까지, 그 너머에까지 미치는 상실감이 생을 압도할 만큼 큰 것임을 안다면 내 곁에 있을 때 허투루 해선 안 될 것이다. 촘촘한 인연들이 가깝고 편하여 당연하게 여겨지겠지만, 애초에 하나둘씩 돋아나고 공고해지던 그 기적 같은 인연의 시작을 떠올려보면 이토록 무덤덤하게 누릴 가족애가 아니다. 앓지 않도록, 잃지 않도록 이 닦듯 정성을 쏟아야 할 터.

치아재식술이라는 게 있단다. 충치를 일단 뽑아서 뿌리나 신경, 치아 등을 치료한 후 다시 심는 시술이다. 복잡하고 정교하지만 회복도 빠르고 부작용도 덜하리라. 나조차도 들여다보기 힘든 '앓는 이'라면 이렇듯 밝은 곳으로 꺼내 앞뒤 겉속까지 살피는 일이 중요하겠다. 처음만 같지 않더라도 정성껏 고쳐 다시 생 안으로 들일 수 있기를. 그런 용기와 지혜를 달라고, 양치 때마다 기도해본다.

그 사랑
다시 하고 있습니다

그는 나더러 그늘에 있으라 합니다. 지금 가고 있다고, 그늘 벤치에 앉아 기다리라고 합니다. 전화를 끊은 나는 그가 말한 의자를 눈으로 훑은 뒤 땡볕 아래에서 몇 발짝 왔다 갔다 합니다. 그를 만날 설렘에 언제까지고 서성이고 싶지만, 그가 안쓰러워할까 봐 이내 알려준 자리에 얌전히 앉아 고개를 뽑아 듭니다.
 저기 저만치서 그이가 달려오네요. 쏟아지는 적국의 화살 떼 같은 햇살을 온몸으로 맞으며 오직 나만을 향해 멀리서부터 뛰어옵니다. 벌떡 일어나 그쪽으로 달려가고 싶은 마음을 누르며 나는 눈길은 떼지 않은 채 가방 속을 더듬거려 손수건을 꺼냅니다. 아아! 내 사랑. 나는 아마도 그의 땀방울을 닦기보다 더운 몸을 끌어안는 일부터 하게 될 것입니다. 그러지 않고서는 배길 수 없을 테니까요. 사랑 앞에 지독하다는 수식어를 붙이는 게 조금도 이상하지 않다는 것을, 나는 이렇게 한계 없는 사랑을 하며 깨닫고 있습니다.

사실 이런 사랑이 처음은 아닙니다. 자기는 땡볕에서 달리면서도 앉은 나에게 그늘까지 권하는 일은요. 첫사랑은 나에게 국밥 그릇을 기울여 주며 다가왔습니다. 아직 남은 밥을 잘 떠먹을 수 있도록 그는 뚝배기를 받침대 한쪽에 걸쳐 올려 국밥이 내 앞에 오목하니 모이게 해주었지요. 평생 의젓한 언니, 싹싹한 동료로 살아오기 바빴던 나였습니다. 순간 단 한 번도 국밥 한 그릇을 천천히 끝까지 먹어보지 못한 사람처럼 허기가 밀려오더군요. 그 참을 수 없는 조바심을 사랑이라 부른다는 것을 나는 처음으로 깨달았습니다.

처음엔 가슴이 간질간질하다 못해 저릿저릿 아프기까지 하더군요. 지금보다 둔탁하고 정형 없이 얼마나 강력했나 모릅니다. 그 육중한 사랑의 물결이 강타해 일상의 터전을 잃을 정도였지요. 수재민처럼 나는 일도, 밥도, 잠도 내려놓은 채 꿈인지 생시인지 분간할 수 없는 판타지를 살았습니다. 내가 묵는 임시 거처는 내가 상상한 만큼 안락한 그의 품이었고, 나의 보급품은 내가 상상치도 못할 만큼의 그의 애정 공세였습니다. 나는 실향민이자 유랑객이었으며 우리 둘 왕국의 주인이자 포로였습니다.

사랑은 그렇게 분간 없고 고지식했습니다. 차분히 앉아 시시비비를 가릴 틈도 없이 우리는 둘만의 나라를 건립하고 말았지요. 지나고 나서 보니 그렇더라는 겁니다. 일의 와중에는 흥분을 가라앉혀 차분히 가늠하거나 검토할 겨를이 없었습니다. 그럴 여유가 있었더라면 이렇게 막중한 일을 덜컥 벌이지 못했을 겁니다.

나라를 꾸려가는 일은, 당연히 만만치 않았습니다. 우리는 서로 얼굴만 마주 보며 살 수는 없었기 때문에 각자 맡은 일을 해야 했습니다. 경제 국방 외교 복지 문화 보건 등 여러 분야를 분장하거나 남에게 도움을 구하거나 서로를 도와 이끌었습니다. 예측 불허를 줄이고 타당함을 따르는 일에 집중하고자 했습니다. 우리는 사실 딱 그 반대로 살아온 유랑자 출신이었으므로 때때로 그 일이 몹시 지루하게 여겨지기도 했습니다. 그러나 우리의 보수적인 치수 정책으로 더 이상 사랑의 물결이 범람하지도 않는데, 우리 손으로 집터를 무너뜨리고 다시 황홀한 통증을 만끽하는 이재민이 될 수는 없었지요. 다른 사람에 의해 그리되는 것은 더더욱 안 될 말이구요.

그렇게 모험 같은 것은 잊고 성실한 행정원으로 살아가던 때였습니다. 놀랍게도 우리 국가에 새로운 국민이 탄생합니다. 그는 실향민도, 망명객도 아닌 이 나라가 고향인 첫 번째 주권자였습니다. 오로지 그와 나의 노력, 그리고 이 나라의 땅과 물과 공기로 길러진 결실이었습니다. 제방이 무너졌거나 지나치게 가물었다면 그 씨앗은 자리 잡지 못했을 겁니다. 우리가 다소 지루하다 여기기도 했던 그 일들을 묵묵히 해오지 않았다면 일어나지 못했을 기적인 것이지요.

나와 남편이 이룬 가정이 곧 고향인 사람, 우리 아이는 우리의 반복되는 노동을 보람되게 만들어줍니다. 여러 의무를 감사히 여기게 해줍니다. 그리고 내일을 기다리게 해주며 벅찬 꿈을 꾸게 해줍니다. 자신이 그런 대단한 일을 해내는 줄도 모른 채 오물오물 먹고 예쁘게 말합니다. 새근새근 자고 일어나 날과 달이 다르게 자라고 있습니다. 그렇게 커서 우리가 했던 그 유난스런 사랑을 이렇게 따라

하지 뭔가요.

 내가 더 기다릴게, 내가 더 뛰어갈게, 내가 더 아낄게 하던 그 고집불통 같은 사랑이 조그만 초등학교 교정 안에서 다시 일렁입니다. 지금은 떠나온 나의 옛 고향에서 나도 내 부모와 이런 사랑 했을 테지, 이런 사랑 받았을 테지 싶습니다. 계산 없고 계획 없는 맹렬한 사랑하고 떠났으니 회한은 없어야 할 겁니다. 사랑하고 사랑받던 그 따뜻한 힘을 원동력으로 내 아이가 훗날 고향을 떠나 좋은 사람과 제 나라, 제 왕국을 건설하는 것을 보는 일은 분명 근사한 일이기 때문입니다. 게다가 그 왕국에 신인류가 또 태어나 다시 나와 교류하고 교감할 테니 그렇게 사랑이 순환하며 눈덩이처럼 불어나는 것은 또 얼마나 축복인지요.

 사실 겁낼 일이 없는 것은 아닙니다. 근심 걱정이 모든 걸 집어삼키는 날도 있을 겁니다. 사랑이란 애초에 묵직한 허기 같은 것임을 알고 있으니까요. 사랑에 빠짐으로써 알게 된 나의 허기, 나의 갈증이 때론 상대를 같이 굶주리게도, 과식해 더부룩하게도 만들더군요. 사랑해서 한 일이 늘 사랑스러운 결과로 이어지는 건 아니더라구요.

 그러나 목 아래 가슴께가 간질간질, 그 기분에 이끌려 일은 한참 벌어져 있곤 하지요. 정신을 차려보면 그렇다는 겁니다. 사랑에 빠지는 건 원래 그런 식이니까요.

뒷일은 그때 가서 또 힘내보도록 하죠. 간질간질. 그 느낌만 잊지 않으면 됩니다.

여보, 머리에 향기가 묻었소 | 36x30cm, 한지에 채색, 2013

골골대던 환절기였다. 남편이 사골 팩을 옆구리에 끼고 퇴근했다.
정성껏 고아서는 국솥을 베란다로 옮기려다 휘청 쓰러지고 말았다.
비명소리에 날아온 남편은 슈퍼맨처럼 나를 번쩍 들어 올려
싱크대에 앉혀 찬물을 틀어주고는 아무 말 없이 걸레를 찾아 들었다.
널브러진 뼈다귀들과 웅크린 그의 등. 아! 사랑이구나.

아기들의 밤그림자

유도분만 중 태아는 사망하고 산모는 중태에 빠졌다고 한다. 눈도 한 번 못 맞춰본 자식. 이름 한 번 못 불러본 내 새끼. 그래서 그 슬픔이 덜할 것인가 더할 것인가. 거기에 대체 무슨 차이가 있을 것인가. 단장의 고통으로 까무러치긴 마찬가지인 것을.

 이런 악랄한 셈을 해보는 자는 뉴스를 뉴스로만 보는 나뿐, 산모는 품었던 자식을 보내지 못해 기를 쓸 따름이리라. 그런 그녀를 자식으로 둔 늙은 어미가 또 그것이 기막혀 오열할 것이고. 꽃밭에서든 똥밭에서든 자식을 품 밖에 내려놓기 조심스러운 어미와 하늘 위에서건 아래에서건 엄마 없으면 고아가 되고 마는 자식들 처지가 이렇듯 서럽다.

우리 둘째 두 돌 즈음이었다. 머리가 깨인 만큼 장난이 늘어 볼이며 무릎이며 멍 가실 날 없던 녀석이 혼자 엘리베이터를 타고 내려간 일이 있었다. 양손에 짐이 가득이었던 나는 우리 집 층수에 도착하자 먼저 내려버렸고, 큰딸이 까불어대는 동생을 챙겨 나올 참인데 순식간에 승강기 문이 닫힌 것이다.

계단으로 뛰어가려는 큰애를 진정시키고 경비실로 전화를 걸어 승강기 내부 CCTV 확인을 요청할 동안 엘리베이터가 잠시 6층에서 멈췄다. 저녁 일곱 시. 누구든 어른이 탈 듯싶었고, 인사 잘하는 우리 라인 막둥이를 알아볼 듯싶었다. 그랬으면 했다. 1층에 서는 것을 확인하고 나도 아래로 내려갔다. 평소 인정 많은 6층 아줌마가 녀석을 안아 달래고 낯익은 어린 여학생도 꼬맹이를 어르며 함께 서 있었다. 누런 콧물이 입에 들어가기 일보 직전인 걸 빼면 녀석은 말짱하게 엄마 품으로 돌아왔다. 10분이나 될까 한, 나 자신이 한심해서 견딜 수 없던, 불안에게 잡아 먹히지 않으려 애쓰던 그 시간.

아이 하나 키우는 데 온 마을이 필요하다는데. 그렇다면 그 아이는 이미 내 자식만은 아니라는 건데. 나는 그 아이를 국보 다루듯 잘 돌봐야 했다. 선물 주신 삼신할매, 조상님, 하느님께 야단맞을 게 겁나서라도 정신 바짝 차려야 했다. 그날 기도는 '죄송합니다'뿐이었다. 함께 마음 졸인 큰아이와 우리 가족, 우리 이웃에게까지 용서를 빌어야 했다.

아이 하나를 불행하게 하는 것은 마을의 미래를 불행하게 하는 것과 같으니까. 한 아이의 고통은 십수 년 뒤 공동체의 고통이자 결핍, 위기, 취약점으로 이어질 것이다. 더 나쁜 것은 그 아이의 아이에게까지 대물림될 확률이 높다는 사실이다. 그 약한 고리를 지금 돌보지 않으면 나중에는 더 많은 재원과 정성이 필요해지고, 때론 개선 자체가 불가할 수도 있다. 끼고 키운 내 자녀에게 짐이 될 수도, 위협이 될 수도 있다는 얘기다. 내 자식만 살뜰히 키워서 쾌적한 미래를 선사하겠다는 계산으로는 이런 변수를 풀어내지 못한다. 우리 마을에 혹시 굶는 아이가 없는지, 춥고 외롭고 절망이나 분노를 키워가는 아이가 없는지 살피는 마음에는 솔직히 이런 식의 셈도 포함돼 있다.

종일 한시도 가만있지 않던 아이가 두 팔 두 다리를 옆으로 모으고 잠들었다. 너무 가지런해서, 너무 앙증맞고 포근해서 그저 바라보기만 해도 평화로운 그림 같다. 땀도 눈물도 냄새도 없는, 아득하고 경이로운. 평생 고개를 치켜 올리고 봐오던 별 같은 것이 우리 집 안방에 이렇게 작고 낮게 놓여있다. 집집마다 이 아이들 그림자가 하늘에 별로 드리운 것은 아닐까. 누구든 찾기 쉽고 확인하기 쉽도록 하늘로 반사된 세상 아기들의 좌표. 어지러운 낮 동안에는 각자의 밥 버는 삶이 눈부셔 보이지 않다가 사위가 어둑해져서야, 아이들이 이부자리 위에 그림으로 새겨져서야 저렇게 또렷이 보인다. 아기가 한 번 뒤척, 할 때 별도 따라 반짝. 옹알, 잠꼬대할 때 별도 같이 옴찔.

   때로 별들이 와글와글해 보이는 까닭은 종일 녀석들이 꼼지락거린 여운 때문이리라. 뜻도 없이 흥얼거린 노래와 못 견디겠다는 듯 터져 나오던 웃음 때문에, 그리고 내일 또 북을 두드리고 소꿉을 지을 신나는 꿈 때문에 어떤 밤은 별들이 극성을 부린다.

   갈수록 별 보기가 어려워지는 것은 알다시피 사람과 별 사이 공간이 너무 밝아져서다. 혹시 나만 손해 보는 게 없는지 눈을 밝히고 이문을 밝히고 셈을 밝힌 세상은 밤도 낮만큼 훤하다. 어두워야 잘 보이는 밤그림자 헤아리기가 자꾸만 힘들어진다. 미래로부터 받은 희망, 아직 열지 않은 선물. 우리 아기들이 어제만큼 많이, 처음처럼 편안히, 원래대로 행복하게 반짝이고 있는지 확인하기가 쉽지 않다.

  엄마 없는 빈집에서 형제가 라면을 끓이다 불이 났다. 중태에 빠졌던 아이들이 하나는 일반 병실로, 하나는 아픔 없는 나라로 길이 갈리었다. 지역구에서 모금활동을 통해 아이들 병원비와 재활비를 돕는다 한다. 살아남은 아이의 눈물 닦아주는 손길이 더 지극해지면, 우리 마을과 내 가정과 밤하늘의 근심이 조금 덜어질 수 있을는지.

밤에 크는 아이들

농부 발자국 소리를 듣고 곡식이 자란다던가. 실한 종자와 땅의 힘, 순한 날씨도 관건이겠지만 부지런한 농군의 손길 없이는 무엇도 알차게 영글 수 없으리라. 아무리 귀 없고 눈 없는 푸성귀라도 새벽이슬 밟으며 다가오는 친숙한 발걸음을 가늠할 수 있고, 해질녘까지 허리 숙인 근면을 감상할 수 있을 것이다.

 이랑마다 고랑마다 농부의 발자국이 길을 낸다면, 집집마다에는 부모방과 아이방 사이에 닳고 닳아 움푹 패인 길이 있다. 낮부터 엄마가 책상에 앉은 아이 등을 쓸어 내리러 들락거리고, 늦은 밤에는 아빠가 잠든 애 볼을 부비러 들어간다. 새벽에는 둘 중 자다 깬 누구라도 녀석의 곤한 잠을 보살피러 간다. 싱그럽고 여린 풋것 같은 아이 또한 부모의 발소리로 여무는 것이다. 녀석의 살이 낮 식탁에서 오르고 밤 침대에서도 속이 알차게 익고 있다. 자고 일어난 아이가 아침마다 보얗고 어여쁜 것은 이 새벽 공양 덕도 있는 게 아닌가 싶다.

별로 거창한 작업은 아니다. 이마를 짚어보고 베개를 바로 하고 말려 올라간 잠옷을 펴주고 슬쩍 뽀뽀를 하는 정도니까. 방 온도가 적당한지, 등에 땀이 차지 않았는지, 어디 배기는 곳은 없는지 자연스레 살필 따름이지 매뉴얼도 순서도 없다. 내 아이를 잘 아는 엄마만의 절로 가는 손길이다. 어떤 옷을 입고 자고 언제 잠들었고 자기 전 뭘 먹고 어떻게 놀았는지 세세히 알기 때문에 그것과 이어진 잠에 대해서도 엄마는 딴 방에 누워서도 다 안다. 오늘은 욕조에 물 받아 목욕을 했으니 갈증이 좀 날 거야. 태권도 도장에서 축구가 재미났다고 했으니 허벅지가 뻐근하겠지. 저녁마다 하던 응가를 안 했으니 속이 불편할 수도 있겠구나. 새벽 유리창에 결로가 생길 수도 있으니까 가습기 타이머를 맞춰야겠다. 이런 생각과 행동들을 나도 모르게 동시다발적으로 하는 걸 보면, 이제 부모라는 직무가 몸에 배었음을 느낀다. 베

테랑 농부까지는 못 되더라도 몇 년차 실무자는 됐다고 할 수 있는 모양이다.

누가 시켜서 하는 일도 아니고 아이가 알아주길 바라는 일도 아니다. 아침 인사 경쾌한 아이의 마음속에 자신감, 낙천성, 설렘 같은 것들을 희미하게 느낀다면 된 것이다. 그것이 아이를 자주 웃게 하고 불안하지 않게 하고 사람들을 당당하고 따뜻하게 대하는 힘이 되는 것을, 녀석은 몸과 마음에 깃들이고 또 저도 모르게 그 기운을 퍼뜨린다. 실하게 여문 석류가 터져 향과 씨를 온 주위에 퍼트리듯 말이다.

어린 둘째가 생기고는 오가는 길도 아까워 아예 안방에 아기 침대를 들였다. 움 달린 모든 건 토실한 줄기 세울 때까지 손이 많이 가는 법이다. 찬바람에 탈 날까, 젖은 기저귀나 큰 소리, 구겨진 속싸개에 불편할까 보살피는 일이 시도 때도 없다. 젖 먹이느라 끌어안고 재우느라 싸 안고 종일 붙어산다. 시계 알람 소리는 못 들어도 아기 보시락거리는 소리에는 자다가도 퍼뜩 일어나 불도 켜지 않고 쓱쓱 기저귀 갈고 젖 물리는데, 이러고도 아기 허벅지가 통통해지지 않을 리가 있나.

언젠가 이 꼬맹이도 제 방을 갖게 되리라. 나는 잡초 뽑고

거름 주고 가지 치는 농부마냥 아이들 방을 무시로 들락거릴 것이다. 그러다 문득 조그맣게 열매 맺힌 걸 보고는 언제 이리 컸누 감격하겠지. 그렇게 세월이 뭉텅이로 빠져나간다. 차곡차곡 흘러가는 것 같아도 이렇듯 한 번씩 훌쩍 건너뛰는 게 세월이다.

그러다 보면 내가 아이들보다 먼저 잠드는 날도 올 것이다. 아이들이 방문을 닫고 자는 날, 노크 없이는 들어갈 수 없는 날이 올지도 모른다. 안방과 아이방 사이 난 길에 이렇게 부모 발자국이 흐릿해지면 애들을 내 품에서 내려놔야 하는 때인 것이다. 잘 걷고 뛰는 아이를 마냥 안고 다닐 수 없듯이 제 뜻대로 달리고 날 수 있도록 내려주어야 한다. 이런 말 하기에 아직은 우리 늦둥이가 너무 어리지만 큰딸 크는 걸 보니 닥치지 않을 일은 아니다. 까마득한 일까지도 아니겠다.

새벽에 아이 잠옷 펴주는 일이 끝난다고 해서 부모 공이 끝나는 것은 아니리라. 서로 다른 집에서 제 살림 사는 우리와 친정 부모님 사이에도 마음 씀이 오가는 도랑이 패어져 있다. 이제는 걸음이 한쪽으로만 향하지 않고 서로 오간다. 언젠가 자식 쪽에서 가는 일이 많아진다. 돌봄 받았던 그 걸음만큼, 그 정성만큼 과연 할 수 있을지 나는 자신할 수가 없다. 아이방을 기웃대는 부산함을 보건대 이보다 더 할 수 있으려나 싶다.

큰애가 여차하여 일주일 입원 중인데, 낮에는 내가 병실에 가 있다가 밤이면 친정 엄마와 교대한다. 입원실이란 데가 밤낮없이 훤하게 환자 상태를 살피는 곳이다. 근면한 간호사가 자는 애 겨드랑이에 서늘한 체온계를 꽂아 넣겠지. 보조침대에서 토막잠 주무실 할머니보다 내 새끼 겨드랑이를 더 짠하게 여기는 나는, 유독 몹쓸 딸인가, 유난히 지극한 엄마인가. 인류가 멸망치 않고 후대로 이어가는 원동력인 내리사랑의 질서를 거스를 수 없어서인가.

내일이면 아이가 퇴원한대서 반찬도 만들고 새 잠옷도 꺼내놓았다. 죽 끓여 먹일 핸드 블렌더와 냄비까지 새로 샀으니 말 다했다. 다시 밤 고랑이 우묵 파이고 새벽 이랑이 도독해지겠구나. 탈 없이 여물어다오 우리 아가들.

마니차

서른 번쯤 세다 만다. 종일 아이들이 엄마를 몇 번이나 부르나 해서 남편이 헤아리다가. 주말이라 아빠도 있고 이제 아침나절 지났을 뿐이다. 애들 말머리에 그저 '엄마'가 붙는다. 치즈 꺼내 먹어도 되냐고, 쉬하고 온다고, 블록 쌓은 것 좀 보라고, 모르는 단어 뜻을 묻느라고 두 딸은 일단 엄마를 부르고 본다. 아마 스스로 그런 줄도 모를 것이다. 아빠가 횟수 세는 게 우스워서 입을 꾹 다물었다가도 금세 까먹고 또 엄마, 한다.

 비타민 먹었니 손 씻었니 로션 발랐니 일기 썼니, 내가 이르는 소리를 세자면 그보다 많으면 많았지 적지 않다. 동일 항목으로 두 놈씩, 간혹 두세 번씩. 횟수 넘어가면 야단이 되고 어제 것, 그제 것까지 소환이 되니까 사위 고요할 틈이 없다. 애들 잠들고 나면 또 내 묵주기도가 이어져 엄마를 찾고 엄마한테 혼나는 일이 연속된다. 성모님. 귀한 천사들 야단쳐서 죄송해요. 성모님. 그래도 저 계속 예뻐해 주실 거죠. 묵주기도란 이른바 이런 식인 것이다.

불교에서는 관세음보살이 엄마 역할을 하는 듯하다. 세상의 모든 소리를 듣는 분. 우리가 어질게 성장하길 바라는 분. 고통 가운데 열심히 그 이름 외면 도움 주시는 분. 아프거나 외로울 때, 분하거나 두려울 때 엄마 엄마 하게 되듯 긴 기도 없이 그저 관세음보살 관세음보살 되뇌기만 해도 그 마음 알아채고 어루만져주신다 한다. 엄마가, 이렇게 좋은 거다.

그 좋은 자리에 앉아 무소불위의 권능을 가지고 작고 여린 아이 앞에 인내심을 바닥내는 일은 무참하다. 부끄러움은 한낮의 소란 속에 음흉스레 숨어 있다가 까만 밤에서야 뒤룩뒤룩한 몸피를 드러낸다. 탈 없이 하루를 마친 단정한 평화 속 이물감. 그걸 일일이 긁어내야 통잠에 들 터인데 묵주 한 바퀴를 다 돌려도 삭여지지 않는 죄책감이 만성 피로처럼 쌓여만 간다.

사람 마음이란 게 현금 출납부처럼 들어온 것과 나간 것의 셈만 맞으면 되는 게 아니다. 보한 것, 축난 것 다 합해서 대략 적자만 아니면 괜찮은 게 아닌 것이다. 새우 껍질 까주는 남편이 고맙기도 하지만 예전에 내 억장 무너뜨린 일이 사라지는 건 아니다. 줄줄 저지른 죄들이 하루 한날 특별사면처럼 탕감 받을 수 있다면 세상은 언제든 고쳐 쓰면 그만인 연필 글씨로 괴발개발 어지러울 것이다. 하지만 그마저도 하지 않으면 너무 염치가 없어서, 부채 원금을 조금은 갚아보자는 심산으로 딸에게 고해성사를 하기도 한다. '우와, 우리 엄마 최고!' 할 만한 이벤트를 대방출하기도 하느라 얼마 전 큰애 휴대전화기가 그렇게 최신형으로 바뀌었다.

  오늘은 머리를 만져준다. 소파 아래 바닥에 앉게 하고 색색 머리끈이 든 바구니를 들고 와 아이 등 뒤에 앉는다. 엉킨 데를 살살 빗어 내리고 가르마를 타고 방울을 돌리고 핀을 꽂는다. 기르고는 싶지만 간수가 어려운 열두 살 여자아이의 산발 머리가 이렇게 저렇게 미장된다. 뾰족한 재주는 없지만 제 방 거울 앞으로 달려가 요리조리 살필 아이의 기쁨 되는 것이 뿌듯해 가르마 낼 때는 숨조차 쉬지 않는다.

  다른 잔소리할 겨를도 없다. 말없이 머리를 만지고 머리를 맡기며 우리는 머리칼에도 감각이 있는 듯 달고 쓴 것을 느끼고, 온하고 냉한 것을, 거칠고 부드러운 것을 교감한다. 귀한 것, 짠한 것, 고마운 것, 미안한 것. 머리 만지는 내 손끝에 모든 게 닿고 모든 걸 실어 가만가만 매만진다.

그 시간이 몹시도 애틋하여 갈래 나눈 머리를 또 한 번 땋고 또 괜시리 틀어 올리는 걸 아이는 알고 있을까.

티베트불교에 마니차라는 것이 있다. 경전 두루마리가 들어간 원통으로 작게는 손에도 들어오고 크게는 사람만 한 것이 사원을 가로질러 일렬로 길게 늘어서 있다. 이 마니차를 손으로 한 바퀴 돌리면 경전을 한 번 읽은 셈 쳐준다. 문맹률이 높은데다 생계 때문에 글 읽을 시간이 없는 중생들은 마니차를 돌리며 지극한 마음을 다한다. 심지어 바람개비, 물레방아로도 만들어 자고 있을 때조차 불력이 세상에 퍼지기를 바란다고 한다.

도무지 지상낙원과는 거리가 먼 듯한 주름지고 굽은 손가락이 마니차를 쓰다듬는다. 땅을 파고 빈곤한 밥술을 뜨는 손. 때론 삿대질을 하고 하늘을 가리기도 하는 손이지만 그 순간만큼은 모두가 해탈을 바라는 석가모니의 제자다. 정한 마음들이 모여 꺾인 데 없이, 막힌 데 없이, 시작도 끝도 없이, 그래서 쌓이지도 티 나지도 않지만 바닷속 소금맷돌처럼 한없이 마니차가 돌아간다.

아이 머리를 만지는 일이 이와 같다. 네 마음 다 모르고, 네 평안 다 봐줄 수 없어도 나는 무지렁이 농군처럼 그저 너의 머리 쓰다듬으며 내 기도를 다 할 뿐이다. 지극함이 너에게 가 닿아 순결한 평화를 얻을 때까지 매일 매일 너의 머리칼을 매만질 것이다. 끌어안듯 너의 등 뒤에서 해야 할 말, 하고픈 말을 모두 삼가고 반듯하지만 아프지 않게 엉킨 곳을 풀고 갈래를 나누리라. 그래야 하리라. 아니 그렇게라도 해야 하리라.

이토록 손쉬운 수행에도 웃어주는 너희가 있어 나는 살아있는 성모님, 관세음보살 자리를 헐값에 누리는구나.

씽씽

두 아이가 각자 바퀴 달린 것을 끌고 승강기에 오른다. 큰애는 두발자전거, 둘째는 세발킥보드. 평소에는 현관 자리만 차지하던 것들이다. 그중 제일 덩치 큰 내 자전거도 함께 나설까 하다 관두고 만다.

　명절 연휴 마지막 날, 점심 먹고 아빠 낮잠 자게 두고 세 모녀 놀이터 가는 길. 엄마까지 놀 작정을 할 순 없다. 애 둘에 바퀴 달린 것 두 대. 행여 다치거나 피곤하다 주저앉으면 그 모든 게 다 내 차지가 된다. 업고 들고 나를 재간이 없으니 물병이며 연고, 반창고, 휴지 등속을 챙긴 에코백 하나 둘러메고 열심히 뛰기나 해야 하는 것이다.

　엘리베이터 문이 열리자 아이들이 쏟아져 나간다. 씽씽,

입으로 소리까지 내며, 자기가 그러는 줄도 모른 채 금세 저만큼 밀고 간다. 언제 저렇게 다리 힘이 올랐을꼬. 춥다고, 감기라고, 미세먼지라고 겨우내 제대로 뛰어놀지도 못했는데, 아이들은 서부 개척시대에 땅 차지하려는 젊은이들마냥 힘차게 튀어 나간다.

큰애에게 두발자전거 가르치느라 애 아빠는 얼마나 몰래 한숨을 쉬었으며, 본인은 또 얼마나 눈물 바람이었던가. 두 시간도 안 걸려서 될 일일 줄 알았으면 울 필요까진 없었을 텐데. 근데 그건 모르는 일이다. 그 진한 눈물 덕에 기어코 이루었는지도 모르니까.

아이는 이제 그저 웃으며 탄다. 오로지 제 다리, 제 허리, 제 어깨 힘으로, 도무지 설명할 길 없지만 그야말로 기가 막히게 조율하고 안배하면서 빠른 속도로 나아간다. 동생 신경 쓰느라 속도를 늦추기도 하고 급하게 꺾어 돌기도 하는데 넘어지지도 않는다. 부모는 아이에게 첫발을 떼도록 독려한 공은 있지만 저 오만 기술은 스스로 깨우친 것이다. 제가 터득한 기술로 제힘만을 써서 저렇게 앞으로 나아간다.

나중에 아이가 크면 우리는 자전거 사준 것 말고는 내세울 이야기가 없다. 아마 다른 것도 마찬가지일 것이다. 녀석이 필요로 하는 걸 아직 어려 스스로 구할 수 없을 때, 지갑 속 종이 몇 장으로 제 앞에 갖다 놔준 것. 그다음은 대신해줄 수도 없고 그래서도 안 된다는 걸, 저렇게 큰 자전거를 쌩쌩 타게 크도록 엄마는 모른다. 몰라서 자꾸만 우당탕 쿵탕 넘어지고 다치고 눈물바람 한다.

  금방 내 짐이 될 줄 알았던 둘째 킥보드도 순조롭게 주행 중이다. 아이는 본인 뜀박질로는 해낼 수 없는 과감한 축지縮地에 감탄하여 제자리에서 왔다갔다하는 그네 따위는 거들떠보지도 않는다. 심지어 언니더러 뒤따라오라고 명령한다. 선두에 서서 갈 방향을 정한다. 이해될만한 설명도 못 들은 채, 그것도 어른들 허벅지 정도나 보이는 어수선한 시야 속에서 이런저런 낯선 곳으로 이끌리던 아이가 마침내 나를 뒤에 거느린다. 내 바쁜 사정에 맞춰 뛰다시피 끌려다녔을 아이에겐 흥분되는 일임에 틀림없다. 이 순간만큼 우리는 꼬마 대장이 하자는 대로 아파트 단지를 크게 돌기도 하고, 사잇길을 파고들기도 하고, 자갈밭을 우툴두툴 어렵사리 빠져나오기도 한다. 아이는 수시로 돌아보며 순순히 잘 따라오는 우리를 칭찬해준다. 뒤처지는 엄마를 독촉 않고 기다려 주기도 한다.

과연 나도 그러했던가. 뒤처진 아이를 성마르게 불러 젖히진 않았는가. 하루 종일 빨리빨리, 라는 말을 하도 많이 써서 부지런히, 라는 표현으로라도 고쳐 쓰자고 마음먹는 내가 저 아이처럼 세상이 정한 시간을 초월해 너와 나에게 시간 맞춰 호흡해준 적 있었는지…. 나는 그 빚을 한 번에 갚기라도 할 마음으로 군말 없이 아이 뒤를 쫓아다녔다.

바퀴 달린 아이들이 먼저 코너를 돌아버렸을 때 순간 시야에서 완전히 사라지는 순간이 있다. 그러다 이내 뒤에서 엄마아! 하면서 오고 무울! 하면서 나타나곤 한다. 안 보인 그 시간이 길고 저릿한 것이야 마땅히 어미 마음이라지만, 나타나 엉기는 시간이 질척한 것도 솔직한 심정이다. 아이들과 함께 하는 시간이 감격해 마땅한 줄 알면서도 때때로 징글징글 고단하게 여기는 나 자신을 견디는 것이 점심밥 차리기보다 더한 피로다. 밤 기도마다 반성과 각오가 이어지지만 그게 또 '밤마다'여야 한다는 게 무참할 뿐.

아직도 방학이 많이 남았다. 삼시 세끼 먹이고 씻기고 놀리는 일은 가슴 벅찬 사랑만으로 되는 게 아니라서 건망증 환자 같은 각서는 앞으로 무던히도 써나가야 할 것이다.

비 온다고 울고, 해 떴다고 울었다는 어느 불감당의 모정처럼 붙어 지내자니 삭신이 아프고, 씽씽 사라져 가버리는 걸 보자니 심장이 아픈 나날들. 세상에 이런 직업이 없다. 안 미칠 재간이 없다. 모성애가 정신병이란 소릴 이래서 듣는 거지.

푸릇푸릇

막내를 어린이집에 입학시키고 집필실을 하나 냈다. 부러 번화한 곳부터 둘러보다가 오답 지워가며 정답 추리듯 볕 바르고 한적한 곳으로 계약을 했다. 한 건물 2층에서 클래식 강의를 하신다는 사장님께 작가라 소개하는 일은 가슴 벅 찼다. 푸른 층층이 하늘과 바다가 반씩 담긴 창 앞에 길이대로 나무 평상을 짜 넣었다. 기가 막힌 책 한 권이 나오리라, 자다가 꿈을 다 꾸던 봄이었다.

 인테리어 삼아 화분 몇 개 들인 것이 일의 시작이다. 무릇 생명 있는 것을 들일 때는 그 창대한 끝을 가늠해야 하거늘. 하물며 공부방의 공부 아닌 소일거리란 감질나는 애정 속에 얼마나 번창하기 좋은지. 그렇게 분갈이해 나간 흙 화분이

열여덟 개요, 물 화분이 일곱 개다. 잘못 센 줄 알고 재차 헤아려보았다. 그 사이 지인들에게 나눠준 몇몇은 셈에 넣지 않으련다.

바빠서, 번잡해서, 애들 저지레가 겁나서 이렇다 하게 뭘 길러본 적이 없다. 베란다 귀퉁이에 내버려둔 산세베리아 흰 꽃이 저 홀로 폈다 졌다 할 정도랄까. 공들여 물 주고 가꿔서는 꽃구경을 할 수 없는 종이라 했다. 그저 내버려두어야 제 풀에 마음 급해 번식을 서두른다던가.

필력보다 식재력이 늘었나. 창가마다 도열한 화분들이 내 영감을 키워줄 햇살과 바람, 새 소리를 가로채 받아먹었나. 변명거리 거참 시원찮기도 하다. 오늘도 시간 내 화분에 물 주러라도 들른 거면서.

아이들이 사상 유례없이 길고 특수한 방학 중인지라 한 달 만에야 잠시 와본 것이다. 흙이 마르고 잎줄기가 쪼그라들어 앓고 난 뒤 헐거워진 옷차림새마냥 안쓰럽다. 컴퓨터는 본체만체 물부터 준다. 싱크대와 화장실로 옮겨 흠뻑 준다. 개중 잎이 앙증맞고 도톰한 것들은 그런대로 생기가 남아있지만 잎이 크고 넙적하면서 얇은 축들은 누렇게 오그라붙어 바스락댄다. 제일 먼저 자라서 좋은 날을 본 것부터 그렇다. 일찍이 솟아나 화려하게 펼쳐 보이던 것부터 이만하면 여한 없었노라, 하듯 저물고 있다. 와중에도 새로 돋을 것은 악착같이 돋아났다. 전장에 핀 들꽃처럼, 전장에 난 아기들처럼 애틋하고 기특하게, 작지만 영롱하게 한 살림 생을 부려놓았다.

바싹 마른 나의 글밭에도 움틀 기미가 있으려나. 겉은 말라도 속은 깊어서 촉촉하게 버티며 힘을 농축하고 있는지. 쌀 씻고 멸치 볶고 콩나물 대가리 따는 소모전 속에서도 좋은 글을 쓰리라는 마음 하나만은 더없이 맑고 단단히 여물고 있을까. 언제 끝날지 모를 바이러스와의 전쟁, 또 육아라는 장기전 중에서도 짬짬이, 따발총보다는 단검을 들고 날렵하게 집중해 꽃망울 글망울을 틔울 수 있을지. 가진 내공이 두둑한 것은 기근에도 생기를 잃지 않았듯, 말라버린 흙에서 뿌리를 공고히 하며 버릴 것을 추려낼 기회로 삼았듯, 나도 이 긴 글 가뭄을 영리하게 날 수 있기를.

한 시간 뒤면 또 일어서야 한다. 붙인 엉덩이가 뜨끈해진다 싶을 때, 키보드 두드리는 소리가 알레그로 템포에 접어든다 싶을 때 이내 나설 시간이 된다. 그러고 보니 감질나는 건 이 일도 마찬가지다. 글 쓰러 와서는 화분 돌보기가 그렇게 재미있더니, 유치원 들러 아이 받아다 집에 갈 생각하니 이 창작 고문도 이렇게 애지중지 재미나다. 어쩌면 지금이 가장 꽃 피우기 좋은 때인지도 모르겠다. 물이 푸질 때, 햇살이 넘칠 때를 두고 굳이 아직 쌀쌀하고 건조한 때 일을 내는 봄꽃들만 봐도 그렇다.

기막힌 책 한 권 내기란 그저 꿈에 지나지 않을 것이다. 살면서 가뭄에도 홍수에도, 바쁠 때도 아플 때도 도톰하고 반짝이는 잎사귀 한 장 건사할 수 있다면 그만한 쾌거도 없겠지. 시간 쪼개 바지런히 읽고 쓰고 마음가짐 돌보며 문장으로 옮겨두는 것. 그 어떤 절망과 결핍의 시대에도 할 수 있는 일이다. 쓸 수 있는 이 영광을 누리면서 꼭 해야 하는 일이고.

오페라 여주인공의 힘차고 기교 넘치는 독주가 솟아오른다. 아래층은 수업이 한창인 때, 나는 생이 한창이어서 자리를 뜬다. 엄마라는 생, 주부라는 생. 그 생의 하이라이트에서 푸릇푸릇, 시들어질 새가 없다.

1평 아뜰리에 | 100.5x45.5cm, 옻지에 분채, 2021

조도를 맞춰 종이를 붙이고 바탕을 깐 뒤 색을 얹는다.
그림으로 누군가를 위로하리라는 열망은
때때로 보잘것없는 고집이나 성마른 강박이 되기도 한다.
그럼에도 다시 붓을 들고 아뜰리에 안으로 스며든다.
끊임없이, 유연하게, 맑갛게. 그대에게 가는 길.

엄마 없이는

달팽이할머니

예삐할머니

우리를 여기로 데려온 사람들

목련 꽃받침

이음

알타리할머니

마리데레사

글 몰라도 시인인 자

할매 펜트하우스

엄마 없이는

가족이 사랑만으로 굴러갈 양이면 세상의 법은 절반이면 충분할 것이다. 세상의 시도, 소설도, TV 채널도 반까지나 필요 없을 것이며 그보다 재미난 게 천지일 테니까.

그러나 가족은 재미만으로 굴러가지 않는다. 가족은, 가족애는 온갖 책무와 양보가 약간의 억울함과 버무려진 상태로 운영된다. 그 안에서는 사랑한다는 말보단 고맙다는 말이, 그보다 미안하다는 말이 가장 거룩한 고백일지 모른다. 모세의 석판에는 가족에게 미안해하라는 계명이 새겨져 있어야 했는지도 말이다.

사랑은 어느 한쪽의 숭배 속에서 평화롭게 유지될 수 있다. 다시 말해 한쪽이 녹신하게 져주겠다는 든든한 믿음 속에서 맘 편히 사랑만 하며 지낼 수 있다. 그 상호 확신이 흔들리거나 의심받을 때 사랑은 불가해해진다. 견제와 원망, 의혹과 비난 속에 자기연민이 담석처럼 응어리진다. 장담컨대 이건 하느님도 못 달래준다.

부부만이 아니라 모녀 관계에서도 마찬가지다. 단 한 번도 거부당할 것을 상상해본 적 없는 어린 딸은 엄마의 거절이 시작되는 것에 당황한다. 그리고 좌절한다. 엄마가 나를 두고 죽을 수도 있다는 사춘기 초입의 불안이 그렇고, 엄마가 나를 내버려둔 채 동생 병실에서만 여러 날을 보낼 때, 며칠 만에 돌아와서도 나를 뭉개져라 안아주기는커녕 당신의 피로에 굴복해 숙명적 모성애를 갑갑한 양말마냥 벗어 던지고 지쳐 잠들 때 사랑은 그만 평등해져 버린다. 제각각의 사정이 죄다 감안되면서 절대적이지도 초월적이지도 않은 속세의 그 무엇이 돼버리고 마는 것이다.

그렇게 모녀간의 첫 박리가 이뤄진달까. 한참 전 아이를 낳았어도 한몸처럼, 숙주처럼 존재하던 엄마가 딸을 동등한 객체로 출산해 내보내는 과정이다. 딸 입장에서는 떠밀려 보내지는 첫 이별, 첫 상실. 그렇게들 애증이라 불리는 관계가 시작되는 모양이다.

적당한 거리를 두고 서로를 마주하자 딸은 엄마에게서 자신의 미래가 보인다. 엄마는 딸에게서 고쳐 쓰고픈 과거가 보인다. 조금만 더 근사하면 좋을 나의 미래, 그리고 너로서 다시 살게 된 나의 두 번째 삶. 서로를 지독히 아끼는 눈에는 한없이 모자라 보이기에 부당함에 항의하듯 서로를 독촉한다. 내 딸은, 우리 엄마는 이것보다 훨씬 더 좋은 대우를 받아야 한다며 발을 구른다. 서로에 대한 애정이 사그라들지 않는 한, 어쩌면 나 자신에 대한 애정이 멈추지 않는 한 계속되어야 할 조바심이다.

각자의 타임머신을 타고 날아와 시도하는 이 엇갈린 도킹 때문에 우리는 눈앞의 소울 메이트에게 상처를 주기도 한다. 참 괜찮은 사람, 나랑 정말 잘 맞는 서른 남짓 터울의 친구에게 남보다 못한 서운함을 느끼기도 한다. 문제의 타임머신에는 지나치게 정밀하고 완벽한 기능, 이를테면 최상의 예측, 견제, 부양, 육성 대안책을 기획하는 프로그램이 탑재돼 있어 그냥 대충 봐주고 넘어가는 법이 없다. 프로그램에 오류가 없다 한들 실행에 무리가 따른다면 포기하고 남는 것이 미련. 바로 여기서 가족애라는 즐거움에 아쉬움이 물고 늘어지며 행패를 부리는 것이다.

다만 와중에 공공의 적이 나타나면 얘기는 180도 달라진다. 딸은 엄마의, 엄마는 딸의 최정예 저격수가 되어 서로를 지켜낸다. 그 대상이 남이건 혈연이건 운명이건 관습이건 가리지 않는다. 우리는 서로의 어깨 걸고 맞서 싸우며, 필요하다면 세상 모든 모녀들과 연대하여 세대를 잇는 싸움도 불사한다. 다행인지 불행인지 그 적은 없었던 때가 없었고, 서로를 타박하는 순간에조차 우리의 두 손은 서로를 붙잡고 있다. 때로는 좀 땀 찬다 싶을 정도로.

지난겨울, 같은 아파트에 사는 엄마가 뒤에서 오는 자전거에 부딪혔다. 단지 내 시시한 산책길이었고 초등학교 2학년짜리 세발자전거였지만 골다공증 할머니에게는 대퇴골이 두 동강 나는 사건이었다. 목격자 연락을 받고 뛰어가보니 어느 늙은 여자가 차가운 바닥에 마치 로드킬 당한 짐승처럼 쓰러져 있었다. 앰뷸런스 경광등이 요란했고 사람들이 웅성거렸고 여자애가 훌쩍거렸으며 구급대원이 재차 물었다. 그러나 그 소요 속에 줄곧 들려오던 소음 하나가 사라지고 없었다. 째깍째깍 타이머 돌아가던 소리. 유전자 사이에 실려 온 시계, 욕망의 시침과 연민의 분침이 얽혀있던, 평생 엄마에게 알람 맞춰져 결코 멈출 리 없던 그 시계가 우뚝 제자리에 서고 만 것이었다.

　엄마와 나 사이 모든 빚과 이자가 일순 사라졌다. 애초에 그런 건 아무것도 아니었다. 더 좋은 엄마 더 좋은 딸 같은 것, 더 나은 삶을 향한 연대와 반목 같은 것, 개인으로 살아내는 역사적 종의 사명 같은 것. 그런 건 그저 손오공 본체가 쓰러지면 머리털 몇 가닥으로 사라지고 말 허상의 분신들일 뿐이다. 나는 단지 엄마를 잃어서는 안 되는 거였다.

　수술, 치료, 재활의 시간이 흐른다. 엄마는 아직도 절뚝거리고 굵은 쇠심과 진한 수술 자국이 세월에 녹아들진 못할 것이다. 나는 엄마를 닦달하는 일을 관뒀다. 대합 다져 넣은 미역국을 끓여 나르거나 구이용 갈빗살을 냉장고에 넣어 드리고 올 따름이다. 미포 바다가 내려다보이는 달맞이고개 카페에 모셔가고, 생강나무가 용쓰고 꽃 틔우는 걸 보여드린다. 엄마의 꽃은 스스로 피워낼 것이다. 아니 활짝 피지 않아도 된다. 그저 흔들리며 서 계셔도 괜찮다. 이가 몽땅 빠지거나 앉은 채 엉덩이를 끌며 다녀도 괜찮다. 엄마가 내 엄마로 있어주기만 하면 나는 나로 살 수 있고 그 무엇으로도 살 수 있다.

동백꽃 절명해 드리운 야트막한 오르막길, 아이 둘이 외할머니를 에워싸고 함께 걷는다. 한 손은 손녀 손 잡고 한 손은 발바닥 세 개짜리 지팡이를 짚는데, 큰아이는 자기 차례를 기다리고만 있다. 둘째 저 다정함도, 큰놈 저 어진 구석도, 이 풍경을 눈물겹게 바라보는 내 마음도 다 엄마에게서 왔다. 엄마 없이는, 우리는 아무것도 아니다.

잃어버린 장갑 | 45.5x37.9cm, 한지에 분채, 2021

언제부터일까. 내 눈이 이렇게 좁고 희미해진 게.
부모님이 그랬듯 지각할 새 없이 하루하루 열심히 나아가다보니
내 손엔 언제 그랬는지도 모르게 장갑 하나 사라지고 없다.
그 손으로 엄마의 시린 손, 아버지의 거친 손 맞잡아 부벼봐야지.

달팽이할머니

상추를 헹구다 말고 뒤로 펄쩍 물러난다. 달팽이라니! 다른 무엇과도 헷갈릴 수 없는 저 독보적 형상. 며칠 전 민달팽이 수십 마리가 등장하는 글을 읽기만 하고도 몸서리쳤던 내 앞에 진짜 달팽이가 나타났다.

집에는 사자와 호랑이도 구분 못 하는 네 살배기와 나뿐이다. 예전 신혼집에서 바퀴벌레가 나왔을 때처럼 남편이 올 때까지 밖에 나가 있을 수도 없다. 달팽이를 바퀴벌레와 동급으로 치부한 게 미안하기도 하고, 어쨌든 상추가 유기농인 것만은 확실해졌으니까 마음을 조금 가라앉혀 다시 싱크대에 다가서본다.

달팽이가 느린 건 대자연 속에 있을 때다. 개구리가 뛰고 잠자리가 날 때에나 달팽이더러 느리다 할 수 있는 것이다. 부엌 개수대에서 겁 많은 인간과 마주했을 때는 결코 그렇다고 할 수 없다. 녀석은 타고난 동물적 감각과 군더더기 없이 매끈한 동작으로 벌써 저만큼이나 이동해 있다. 제멋대로 펼쳤다 오므리는 뿔과 몸통의 미끌거림이 내 볼에 닿기라도 한 듯 소름 끼친다. 인간보다 먼저 지구에 살아온 모든 생명체 선배들을 존중하지만, 굳이 한집에서 살 필요까지는 없는 것 아닌가.

저 딱딱한 등껍질이라면 만질 수 있을 것도 같다. 장난감인 양 집어 들고 냅다 달려 아파트 풀숲에 두고 오는 정도는, 엄마니까 한 번 해볼 수 있을 것 같다. 고무장갑을 끼면서 최단 거리 시뮬레이션을 궁리하는데, 가만. 녀석이 뭘 먹고 있다. 수박 하얀 속살을, 내 귀에는 들리지 않지만, 사실 잘 보이지도 않지만 어쩌면 아삭아삭 소리도 날 것 같다. 아무리 그래도 먹고 있는 애를 어떻게 덜렁 들어서 쫓아내겠는가.

주춤주춤하기 시작하면 상황은 이내 의도치 않은 방향으로 굴러가기 마련이다.

때마침 투명한 일회용기가 눈앞에 있을 건 또 뭔지. 안에

든 샐러드 채소를 큰 접시에 옮겨 담고 뚜껑에 구멍을 여러 개 뚫는다. 상추 세 장 깔고 먹던 수박 껍질과 방울토마토도 두 알 챙겨 녀석을 이주시킨다. 그리고 싱크대를 박박 닦고 있으니 큰애가 학원에서 돌아온다. 아이는 새 식구를 반긴다. 무엇보다 엄마가 칠색 팔색 하면서 일을 이만큼이나 벌여놓은 걸 우스워한다. 둘째는 이름 몇 번 부르더니 손끝에 통이 닿자 무섭다며 밀치고 간다. 사실 둘 다 나만큼이나 동물을 무서워해서 강아지나 콩벌레를 만나면 넋을 놓고 바라보기는 해도 만지지는 못한다. 이 녀석 관리해줄 사람은 나밖에 없다는 얘기다.

흙을 두껍게 깔아줘야 된단다. 계란 껍질도 먹이고 과일은 조심하란다. 주위를 청결히 하고 수분이 마르지 않도록, 너무 덥지 않도록 신경 쓰란다. 생명 하나 들이기로 마음먹었으면 그 생명이 우리 집 아닌 다른 환경에서 누릴지도 모를 안전과 행복이 내 숙제가 된다. 이런 묵직한 책임감 때문에 살아있는 것 대하기가 참 어려우면서도 조금은 가슴이 뛴다.

외할머니가 엄마 집에 며칠 와 계셨다. 원래는 막내 외삼촌 내외가 식당을 운영하며 안채 주택에서 할머니를 모시고 지낸다. 그러다 일 년에 한두 번 여행을 간다든지 하면 장녀인 우리 엄마가 모셔 오기도 하고 차남 집에 가시기도 한다. 다 아파트인지라 계시던 곳처럼 편치 않으실 거다. 무엇보다 바깥 외출이 어렵다. 걷기가 불편하고 어지러워하시니 지팡이 짚고 살살 노인회관에나 들르던 걸음으로는 엘리베이터를 탈 수가 없다.

  내가 어렸을 때 요양차 외가에서 반년 지낸 적이 있다. 도심이긴 하나 외할아버지가 공들여 가꾸시던 동백이나 연못, 마당이 있어 시골 정취를 느낄 수 있었다. 하긴, 외갓집 정취이라는 게 장독간이나 돌담길에서만 오는 것이랴. 우리 똥깡아지 하며 엉덩이 투닥거려주는 할머니가 계셔서 푸근한 것이겠지. 그때 내 궁둥이는 거의 외증조할머니 것이었다. 손주들에게 한없이 좋은 할머니지만 며느리한테는 호랑이 같은 시모인 탓에 외할머니는 주로 부엌에 있으면서 나에게는 애정 표현도 편히 못 하셨다. 이렇다 할 추억이 없는 게 사실인데, 그렇다고 할머니의 그 후덕한 허리에 매달리는 것까지 싫다는 말은 아니다. 연두부처럼 하얗고 말캉한 팔뚝에 푸지도록 치근덕대고 싶지만 할머니는 이제 귀가 어둡고 기억이 온전치 않고 까무룩 까무룩 잠이 드신다. 나 역시도 온종일 할머니 옆에 부비고 앉아 있을 시간이 없다. 그저 애들더러 자꾸 다가가 안아드리라 한다. 할머니 이마 만져봐, 할머니 손 잡아봐, 가서 할머니 발등 한 번 문질러봐, 한다. 살포시 앉은 아기 손이 할머니 잠을 깨우지는 못하지만 그 살들이 서로를 기억하는 건 잠결에도 할 수 있을 것이다.

소파와 밥상, 침대와 화장실을 할머니는 느릿느릿 오간다. 바닥에 앉아 엉덩이를 끌거나 엉금엉금 기어서 간다. 할머니가 밀고 간 자리에 달팽이 점액처럼 냄새가 남는다. 묵은 밥 냄새 같기도 하고, 찐 양배추 냄새 같기도 하다. 아무것도 해치지 못하는 연체동물처럼, 순하고 고요하게 할머니는 이내 옅어질 흔적만 남기고 다시 거처로 돌아가셨다.

부축을 받아 온전히 일어선 할머니의 키가 그토록 커서 나는 조금 놀랐고, 허무했고, 서글펐다. 저 훤한 몸을 온전히 휘둘러본 적은 없을 터였다. 둔한 며느리였고, 연약한 아내였고, 조금은 무심한 엄마였던 그녀는 평생을 나지막이 살았다. 이제 성긴 기억에 본성마저 흐려질 법한데도 할머니는 증손주 재롱에 소리 없이 그저 입만 벌려 웃는다. 대가족 북적이는 이 드라마 안에서 배역도 없이 그저 드리운 풍경이 되려는 걸까.

달팽이는 껍질 속에 들어가 거의 움직이지 않는다. 도망칠 데가 없다는 걸 알면서도 한참이나 녀석을 찾는다. 상추도 얼마 먹지 않았다. 해가 뜨지도 지지도 않는 플라스틱 통 안에서 밥때를 가늠할 수 없는지도 모르겠다. 뿔로 된 쌍칼을 휘두르며 싱크대를 누비고 숲을 누볐을 와우장군은 이제 몸을 낮추고 또르르 말린 까만 똥만 눈다.

밖으로 보내줘야겠다. 마침 비가 온다.

멋진 나의 그랜드 마더 | 60x140cm, 한지에 분채, 2010

할아버지는 어부였다. 땅 위의 모든 삶은 할머니 몫이었고,
노년이 되기 전부터도 할머니는 엉덩 걸음으로 겨우 오갔는데
물장구치고 돌아와 옥수수 야금거리는 손녀딸에게는
누구보다 빠르게 달려와 갯지네를 쫓아내 주던 분이셨다.
할머니, 하늘나라에서는 그물 같은 거 만지지도 마세요.

예쁜할머니

달팽이할머니의 원래 애칭은 예뻐할머니다. 큰애가 어려서부터 외증조할머니를 뵈러 가면 늘 "우리 아기 예뻐." 하고 쓰다듬어 주셔서 그렇다.

할머니가 두 달 전 우리 집에 들르셨을 때 마침 상추 속에 딸려온 달팽이를 돌보고 있었는데, 할머니가 본가로 가던 날 나는 달팽이를 풀숲에 놓아주며 〈달팽이할머니〉라는 글을 썼다. 느리고 고요한 할머니에게도 두 뿔 펼쳐 자유롭게 노니는 날이 오기를 바라는 마음이었다.

그런 할머니가, 소란 한 번 없이, 누운 채 돌아가셨다.

소란 한 번 없었던 것이 원통하여 막내 외숙모는 발을 동동 구르며 울었다. 요란스레 달려온 구급차에 오르기도 전에 할머니는 며느리 품에서 숨을 거두었다. 할머니 그런 분이잖아. 시끄러운 거 안 좋아하셔서. 삼시 세끼 따뜻한 밥을 지어 올리던 외숙모 손을 쥐고 나는 그렇게 위로했다.

외할아버지를 만나실 걸 생각하면 슬플 게 없다. 호랑이 시모가 아흔 너머 돌아가시고 자상한 남편은 너무 일찍 죽었다. 혼자서는 외출도 삼가던 조용한 아내. 겁 많고 조심 많던 아내가 이제 지아비 곁으로 간다. 할머니가 가실 곳이 어디든 할아버지가 입구까지 나와 그녀를 껴안듯 부축해 데려갈 것이다. 그렇다면야 제 갈 길 바쁜 자식들 곁을 조금 일찍 떠나 먼저 가서 기다리는 일쯤이야 나쁜 일 축에 들지도 않는다. 부모란 원래 그런 존재니까. 자식 맞이할 터를 미리 단단히 마련해놓는 사람들이니까.

하지만 모두 각자의 사연으로 울었다. 울다가 주저앉다가 꼬맹이들 재롱에 웃다가 또 울었다. 밥때가 되면 시락국을 마시다가, 문상객 자리에서 물잔을 홀짝이다가 또 새롭게 울고 새롭게 절망했다. 나 역시 외할머니를 잃은 나 자신이 불쌍해서 울었다. 외할머니 없는 외갓집을 가야 할 게 서글퍼서, 다시는 그 둥그런 허리에 매달릴 수 없고 그 말캉한 팔뚝을 만질 수 없어 울었다. 수의로 똘똘 싸매진 할머니가 몹시도 조그마해서 울었고, 볼에 닿은 할머니 얼굴이 선득하여 울었다. 이 차갑고 굳은 몸이나마 앞으로 다시는 껴안을 수 없을 것이 서러워 오랫동안 끌어안았다.

절대로, 다시는, 영영. 죽음은 산 자들이 쓰지 않는 단어로 쓰여진다. 우리는 그 생경함이 무서워 다들 낯 가리는 돌쟁이처럼 우는가 보다.

할머니 돌아가신 지 7주 차 되는 때, 자식 손주 한데 모여 사십구재를 지낸 뒤 다 같이 통영으로 여행을 가기로 했다. 몸보다 일상의 거리가 멀어 교집합이 없던 식구들. 피만큼 마음이 진하지 않아 어울리기 어렵던 할머니의 새끼들이 다 함께 모여 살을 맞댄 채 먹고 자고 떠들고 웃기로 작정한 것이다. 그 자리에 있으면 가장 기뻐할 사람이 할머니지만, 그 자리에 할머니가 있었다면 성사되지 않았을 여행. 어른이 베푸는 덕이 이렇듯 마지막까지 은혜롭다.

할머니 가시고 오만 기억을 뒤적이던 중에 한 장면이 떠올랐다. 필시 명절이나 무슨 날이었을 텐데, 식구들이 할머니 방에 모여 TV는 그저 모양으로 틀어놓고 외사촌 동생인지, 내 딸인지 여하튼 조그만 녀석을 가운데 앉혀 놓고 둘러앉아 있었다. 무슨 얘기가 오갔는지는 기억나지 않는다. 우리는 다들 웃고 있었는데 그중 할머니가 큰 소리로 웃다가 사레에 걸려 입을 가리고 기침을 하고 계셨다. 기침과 웃음이 다투듯 터져 나와 곤란한 할머니가 문가에 몸을 동그랗게 하고 앉아 계셨다. 발끝이고 손끝이고 어디 한군데 튀어나온 데 없이, 고슬고슬한 파마머리까지 삐죽거리는 곳 없이 반듯하게, 다만 웃음소리만큼은 깔깔깔, 기침까지 캑캑, 말미에는 눈물까지 훔치며 한동안 들썩들썩. 할머니가 그렇게 소리 내 웃으시던 게 언제였던가. 둘러앉은 이들의 말소리를 또렷이 알아듣고 매끈하게 앉아계시던 게 언제였던가. 아니 그보다 할머니가 그런 분이었다는 것을 내가 잊은 지가 언제부터였던가.

종아리 위로 달랑 올라간 까만 치마를 입고 봄 밭을 뛰어가는 소녀가 꿈에 나왔다. 젊을 적 엄마를 닮은 말간 얼굴에 간동한 머리, 저고리 고름과 깨끔한 버선목. 할머니가 틀림없는데 할머니가 아닌 사람. 아직은 누구의 어미도 아내도 아닌, 알 수 없는 미래와 짐작 못 할 기대로 봄이 아니래도 가슴이 뛰어 그저 걷는다는 게 자꾸만 뛰어지는 아이.

키가 커서 아버지에겐 근심일지언정 너른 세상이 더 많이 잘만 보이는, 강중강중 순결하고 어여쁜 소녀. 아아. 예뻐. 예뻐라.

우리를 여기로 데려온 사람들

아이고 허리야, 아이고 다리야. 할매들 오전부터 한의원 치료실에 누웠다. 천 원짜리 몇 장 들고 오면 침놔주고 찜질해주고 하소연 들어준다. 살가운 간호사들, 아픈 자리 짚어주는 의사 양반 고맙다. 오며 가며 세월 잘 가고 어리광부리는 재미도 있어 이틀이 멀다 하고 들른다.

할매들 병이야 약 먹고 주사 맞아 낫는 병은 아닐 게다. 엑스레이에 할매들 허한 마음까지 찍힐 리 없고, 청진기에 한숨의 사연까지 들릴 리 없다. 가족이라야 뿔뿔이 흩어져 사는 데다 한집살이라 해도 아침이면 세 살배기 손주까지 제 갈 길 가고 없다. 텅 빈 마을에 할매들만 남는다. 평생을 뭔가 키우고 길러온 아낙들이라 노는 법은 모르고 아파트 한

뺌 화단에 뭘 못 심어서 애가 난다. 같은 처지들끼리 웅숭그리며 해나 쬐는 건 취미가 없어 괜히 마른자리나 한 번 더 걸레로 훔치다 나섰으리라.

한낮 놀이터엔 오갈 데 없는 갓난아기들만 가끔씩 등에 업히거나 유모차에 실려 나오는데, 그 햇것들과 그것을 키우는 풋것들이 봄바람에 해사하다. 무겁고 낡은 것은 조금도 묻어있지 않은, 거무튀튀하고 무료한 것은 본 적도 없는 듯한 얼굴을 하고 있다. 아기들의 말랑말랑한 손등에서는 복숭아 향이 나고 아기엄마들의 둥실한 허리에선 꽃나무 물오르는 소리가 들릴 듯하다. 할매도 한때는 그랬다. 자주 웃음이 터져 난처하던, 자식 크는 게 자랑이어서 세월 가는 건 안중에도 없던. 할매도 그 시절을 살았다. 토실토실하던 시절 다 까먹고 이제 껍질만 남아선가. 마른 바람에 할매 빈 젖이 서걱거리는 것은.

어린 손주 어른다고 할매가 젖을 물렸다가 며느리가 기함했단 얘기를 들었다. 세정제로 씻고 살균기에 넣어 소독한 것이 다를 뿐 사실 실리콘 젖꼭지나 할매 젖이나 공갈인 건 마찬가지다. 할매는 그렇게 아기를 달래는 기분이나 느껴보고 싶었을까. 공갈인 줄 알면서도 노글노글했던 시절을 떠올려 보고 싶었던 걸까.

큰애가 전염성 수두에 걸려 어린 동생에게 옮길까 외가에서 일주일 지내게 했다. 아파트 옆 동이긴 해도 떨어져 지내야 하는 내 딸도 걱정이지만, 늙은 할매 할배 힘드실 것이 신경 쓰였다. 마침내 완치 판정을 받고 집으로 돌아오던 날, 할매 수고를 치하하는데 이런 답이 돌아왔다.

오랜만에 아기엄마가 된 것 같아 재미있었어.

뭘 먹이나 끼니마다 고민이고 씻기고 재우고 놀아주고 시간 맞춰 약 먹이는 일이 여간 힘든 게 아녔을 텐데, 그런 걸 해본 지 너무나 오래된 할매에겐 그 일주일이 소꿉장난같이 느껴진 듯했다. 이런 것도 딸이 돼서 효도라면 효도인가, 나는 딸을 낳아서 내 노릇에 보태는 중이다.

다시 일상은 분주하다. 이 집 저 집 알람이 울려대고, 싱크대에 물 마를 참이 없고, 옷장 문이 하루 몇 번씩 열렸다 닫혔다 한다. 숙제가 많고 일이 많고 시간은 모자란 이들이 빠져나간 집에, 놀이터에, 상가 벤치에 할매들이 나와 앉는다. 허리가 굽어지고 무릎이 꺾이고 어깨가 뭉개져서 이제 힘한 일은 못 하고 애기들 노리개 젖꼭지 정도나 되는 싱거운 삶. 젊은 날 묵직하고 요란했던 생은 다 어디로 갔을까. 노상 한가득이던 짐들, 책임 무겁던 일들은 다 어떻게 마무리된 걸까.

그 매듭은 사실 우리다. 이고 졌던 꾸러미가 사람의 형상을 하고 여기 있다. 우리가 바로 그 생들의 일단락된 결과다. 그녀들은 묵묵히 끈을 잇거나 타래를 풀면서 여기까지 왔다. 거창한 무언가를 이룬답시고 소소한 것을 내팽개치지 않은 채 안전하게 우리를 현재로 데려다주었다. 보다 평등하고 보다 편리한, 보다 견고하고 아름다운 지금으로 그녀들이 우리를 놓지 않고 상하지 않게 제때에 업고 와주었다. 거친 땅이 끝난 지점에 우리를 조심스럽게 내려주었고 거기서부터 우리는 우리의 쓸모로 나아갈 수 있었다. 그러면서 다시 우리의 아이들을 어깨에 태울 수 있게 되었다. 그들을 미래로 데려다줄 튼튼함을 상속받았고 또 계속해서 물려주게 될 것이다.

내 말랑한 허리가, 내 아기의 향기 나는 손등이, 토실한 팔다리와 촉촉한 볼이 다 거기서 나왔으니 할매는 이제 쪼그라들 수밖에. 허리 다리 삭신이 아플 수밖에.

낮잠 | 53x41cm, 한지에 분채, 2019

목련 꽃받침

목련이 부풀어간다. 가느다란 가지 끝에서 주먹만 한 꽃송이가 덩어리째 돋아나 과감하게 몸피를 키운다. 저 크고 묵직한 송이가 어쩜 저렇게 꼿꼿이 고개를 치켜세울 수 있는지, 나는 번번이 감탄한다.

무릇 무게를 가진 땅 위의 만물은 중력으로부터 자유로울 수 없을진대, 어찌하여 작지도 가볍지도 않은 몸을 저 가녀린 가지 끝에 사뿐히 올려놓을 수 있는 것일까. 속이 텅 빈 풍선 마냥, 아래에서 불어 오르는 기류에 올라탄 마냥, 이따금 굵은 바람에 낭창거리기는 해도 무게를 못 견뎌 고개를 숙이거나 납작 엎드리는 법은 없다. 도도하거나 철이 없거나 흥에 겨워 불가사의한 힘이라도 발휘하는 걸까. 콧물에

열까지 나서 거실 바닥을 뒹굴거리던 아이가 놀이터에서는 쾌속 질주가 어렵지 않듯 말이다.

동백꽃만 해도 도톰한 나뭇잎들이 꽃받침 바로 아래 두어 장씩 있어서 꽃송이를 지지하는 역할을 한다. 실한 초록 무더기 위에 빨간 꽃덩이들이 서로를 간수하며 어우러져 있다. 그러다 다들 견딜 수 없는 지경이 되면 퉤, 뱉어내듯 꽃을 떨궈 버리긴 해도 그전까지는 감탄과 벌레를 호객하는 얼굴마담을 잘 보필하는 것이다.

하지만 목련을 보라. 그저 꽃뿐이다. 잎도 한 장 없이 그저 자기들끼리 콧대를 한껏 올리고 섰다. 햇살 아래 당당하기도 하고, 바람 속에 대책 없기도 하다. 필시 신나서 그럴 것이다. 냉랭한 동장군의 가압류에서 벗어난 것이 기쁘고 들떠서 초록 양말 한 장 꿰 신지 않고 뛰쳐나온 모양이다.

들뜨기는 나도 마찬가지였다. 모 문예지가 주는 작품상을 받기로 한 데다 아이 없이 나만 참석하기로 한 것이다. 그래 봤자 기차로 왕복 대여섯 시간, 하루 안에 볼일만 마치고 오는 일정이지만 엄마가 된 후 혼자 하는 첫 여행이다. 첫 데이트에는 모름지기 새 옷이 필요한 법. 나는 막판 기세가 등등

한 찬 바람을 뚫고 쇼핑을 했다.

이렇게 차르르 떨어지는 재킷이라니. 게다가 연한 베이지색이라니. 아기를 안고 다니면서는 엄두도 못 내볼 옷이다. 커다란 기저귀 가방과 어울리지 않고, 편하고 따뜻한 것과도 거리가 먼 것이 나의 선택 기준이었다. 안에는 이보다 더 얇은 블라우스를 입고, 쓰임새없이 그저 앙증맞기만 한 핸드백을 들어야지. 운동화도 신지 않고 머리를 치렁치렁 풀어 헤치리라. 한없이 불편하고 춥고 아름답게. 그런 점에서 이번 여행은 성공적이었다. 기차에서 내려 택시를 타기까지 얼마나 덜덜 떨었는지 모르니.

스카프로 얼굴을 칭칭 감고 집에 와보니 친정 엄마가 둘째를 재운 뒤였다. 남편은 차려 먹은 저녁상을 치우고 있고 친정 아버지와 큰애가 시시한 말장난 중이었다. 훤한 거실 불빛 속에 정겹고 편안한 것들이 펼쳐져 있었다. 미역국 냄새가 실린 따스한 공기가 차가운 볼을 어루만졌다. 종일 구두에 갇혀 지냈던 발가락 사이, 허리 벨트를 푼 자리, 머리카락 정신 사납던 귓등에도 그 뜨듯한 것이 스며들었다. 이것이, 이들이 내가 이른 봄옷을 입고 떠날 수 있게 해준 것들이다. 단상에 올라 꽃다발과 박수갈채를 받을 수 있도록, 걱정

없이 그저 들뜰 수 있도록, 또 마음 편히 글을 쓸 수 있도록 나를 꽃봉오리로 밀어 올려준 이들이다. 적당히 낡은 잠옷 바람에 부스스한 얼굴을 하고 그들은 내게 고생했다고 말해주었다. 나는 그저 한껏 즐기다 왔는데도 그들은 나더러 고생했다고 했다. 그런 그들에게 내가 고맙다고 소리 내 말했던가. 그랬다면 그건 나 역시 적당히 낡은 잠옷으로 갈아입기 전이었던가, 후였던가.

다시 목련 얘기를 하자면, 목련의 꽃받침은 거칠고 딱딱한 나뭇가지 같은 생김을 하고 있다. 다른 꽃들의 받침은 꽃의 일부 같은 모양, 그러니까 여리고 푸른 잎사귀 모양인데 말이다. 마치 촛대처럼 단단한 목련 꽃받침 위에 송이가 꽂혀 있는 셈이다. 그래서 이파리들의 건사 없이도 저 도톰한 꽃덩이가 폼 나게 오똑 서 있을 수 있나 보다. 양초처럼 매끈한 봄 재킷을 걸치고 반짝반짝 주목받을 수 있도록 내 선 자리를 안정감 있게 잡아주는 가족들처럼 말이다.

며칠 새 아름다운 것들이 온통 낙화해 거리엔 청소 거리가 늘었다. 벚꽃 분분하던 달맞이 고갯길 차량 정체가 풀렸고, 사람들은 세일을 맞아 옷 사러 가기 바쁘다. 나는 부스스한 차림으로 아침마다 두 딸의 머리를 빗긴다. 오늘은 양 갈래로, 내일은 반머리로, 땋고 틀어 올리고 반짝이는 인조머리칼을 붙이고 핀을 꽂아주며 오늘 하루 밝고 자신 있게 지내기를 바란다. 내가 너희들의 든든한 꽃받침이 되는 시간.

이음

수평으로 흐르던 시간이 덜컹, 수직으로 움직일 때가 있다. 전속력으로 달리던 비행기가 창밖 풍경을 비스듬히 가르며 중력을 떨쳐내는 이륙의 시간처럼.

관성의 법칙에 따라 몸이 움찔한다. 평형을 이루려는 세반고리관에서 경고를 보낸다. 변화의 내용이 좋건 나쁘건 이 질감은 피할 수 없다. 입시가 끝났을 때도, 청혼을 받을 때도, 또는 아무 날 아니었던 어느 예민한 아침에도 흥분은 오심과 함께 왔다. 예전의 나를 버려야 한다든지, 이제는 완전히 새로운 삶을 살아야 한다든지 하는 주위의 충고도 내겐 협박처럼 들렸다. 메슥거리는 정도에 따라 차이는 있지만 미묘한 삶의 변화를 경험할 수 있다는 것 자체가 나쁜 일 같지는 않다. 아직 성장판이 닫히지 않았다는 소식을 들은 스무 살처럼 오히려 두근거린 달까.

　임신 소식을 들었을 때도 그랬다. 덜컹. 뭔가 되돌릴 수 없는 다른 단계로 건너간 기분이었다. 전교생이 올려다보는 연단에서 상을 받는 것처럼 가슴 벅차면서도 부끄러웠다. 내일은 오늘과 완전히 다른 날이 되리라는 생경함은, 앞으로는 결코 오늘처럼 지낼 수 없으리라는 불안과 닿아있다. 과거의 나와 결별하면 나는 이제 누가 되는 것인가. 다시 멀미가 났다.

　병원을 나와 퇴근하는 엄마를 모시러 간다. 물방울만 한 태아 초음파 사진은 가방 깊숙이 넣어두었다. 이 상황이 실감 안 난다는 표현은 정확하지 않다. 공들인 프리젠테이션을 앞두고 손톱을 깨무는 심정과도 꼭 같진 않다. 나는 이 소식을 언제 어떻게 전해야 할지 몰라 알 수 없는 조바심에 엑셀페달을 밟아 화물차를 앞지른다. 이정표가 나올 때마다 급하게 속도를 줄이는 타지역 번호판도 제친다. 몇 대를 앞질러도 내 앞에는 수많은 자동차들이 달리고 있다. 시 경계선을 넘고 시간 경계선을 넘는다 해도 먼저 가는 차들을 모조리 앞지를 순 없을 것이다. 기나긴 행렬의 선두가 될 수도, 마지막이 될 수도 없다. 무한한 행렬은 거대한 원처럼 시작과 끝의 이음매도 없이 연결돼 있을 테니까.

행렬 안에서 나는 그저 상대적 위치로 존재할 뿐 나 자신이 변하는 것은 아니다. 과적한 목재트럭 뒤에서 지루할 때도, 재빠른 스포츠카 옆에서 뒤처질 때도, 노을이 지거나 안개가 깔리고 주변 풍경이 바뀔 때도 나는 그대로이다. 나의 정체성이 어떤 시공간에서 빠져나와 새로운 단계로 옮긴 듯한 것은 착각에 지나지 않는다. 환경 변화에 따라 내가 더 빠르거나 느리게 또는 다르게 여겨지더라도 나는 지금껏 달려오던 나일 뿐이다. 천천히 순리에 맞게 닳아가고 있을 뿐 과거의 나는 현재의 나와 다른 존재가 아니다. 바통을 넘겨줘야 할 미래의 나 같은 건 없다. 나는 내 바통을 처음부터 끝까지 단단하게 그러쥐고 나아갈 뿐이다.

갑자기 우뚝 서거나 뜻 없이 우회하지 않고 부지런히 달려왔다. 그중 어떤 여정은 내가 엄마가 되는 데 유의미한 경험이었는지 모른다. 걸음마보다 아기 인형 돌보는 일을 먼저 즐겼고, 열댓 살 초경부터 지금까지 육체적 모성을 모의했고, 길 잃은 고양이에게조차 돌봄 베푸는 일이 자연스러웠으니까. 무엇보다 나는 좋은 엄마의 모델을 곁에서 보고 느끼며 살아오지 않았는가.

　막 삼칠일 지난 갓난애를 더 흠뻑 안아보지도 못한 채 학교로 복귀해 교실 꽉 메운 쉰 명의 학생들을 '우리 아이들'이라 불렀던 엄마. 퇴근해오는 골목길에서부터 아기 울음소리가 들리는 것 같아 한 번도 천천히 걸어서 들어온 적이 없는 우리 엄마. 젖이 돌지 않아 초유만 겨우 먹인 게 미안해서 겨울철 아이 콧물에도 벌 받듯 우리를 간호하던 엄마로부터 나는 우주만큼 깊고 아늑한 사랑을 받으며 자랐고 자라고 있다. 그 덕에 나는 아침을 잘 챙겨 먹고 따뜻한 배웅을 받고 나온 아이답게 반듯하고 긍정적이 되었으며, 모험을 두려워하지 않게 되었다. 집으로 돌아가 시행착오 했던 얘기를 전하고, 슬픔을 위로받고, 성취를 기뻐해 줄 엄마가 있는 한 나는 조금 실수할지언정 무엇도 실패하지 않을 것이기에, 그것이 좋은 엄마가 되는 과제라 하더라도 두려워할 필요가 없겠다.

　요즘 유치원에서는 임신과 출산을 일컬어 '생명이음'이라 가르친다. '잇는다'는 말은 맞대어 붙인다는 뜻과 함께 끊이지 않고 계속된다는 의미다. 끊어지지 않음. 생명의 위대함은 이 끝내지 않는 릴레이의 소명에서부터 시작되는 것 아닐까.

 절인 배추에 밥을 싸 겨우 몇 술 삼키던 엄마의 입덧은 삶은 케일 쌈으로 끼니를 때우는 나의 입덧으로 이어졌다. 고생하는 나를 보며 엄마는 논일 밭일하며 네 아이 키운 외할머니를 생각할 것이고, 나는 만삭의 몸으로 학생들과 씨름했을 엄마가 뒤늦게 안쓰럽다. 내 딸도 언젠가 엄마가 된다면 이 요란한 입덧을 물려받겠지. 그리하여 나처럼, 우리처럼 닿지 않는 지난 세월까지 손 뻗어 어루만지는 어미가 될 것이다. 모성의 인내심은, 그 강인함은 대물림되면서도 옅어지는 법이 없다. 딸로서든 엄마로서든 잘 받은 사랑과 잘 베풀 사랑, 잘 받은 배려와 잘 베풂 그것 또한 고갈되지 않은 채 끝없이 이어질 것이다.

 비행기의 전속력 주행이 없다면 드라마틱한 비행의 시작은 오지 않는다. 삶은 그 자리에서 뜨고 내리는 헬리콥터가 아니다. 세월은 흘러 가버리는 게 아니라 쌓이는 거라고, 먼저 산 인생의 파일럿들이 말해주고 있지 않은가. 두려워 말고 엄마가 쓸고 닦은 활주로 위를 달려도 되겠다. 안개를 걷어 내 딸에게도 길을 보여 줘야지. 자, 이륙준비 완료.

알타리할머니

우리 영감 좋아하는 알타리. 반질반질 다듬어놓은 것이 나 어여쁘던 날 뽀얀 뒤꿈치 같다. 그날을 사들일 수 있는 것도 아니면서 부러 한 단 더 달랜다. 검정 비닐봉지 안에 가둘 수 없는 단단한 싱그러움. 어정거리는 걸음으로는 탱탱한 그것들을 데려가기에도 벅차다. 그저 한 단이면 족했을 것을.
 내 자식들 머리통이 저렇게 다글다글할 때는 철 맞춰 김치 담가 먹이지도 못했다. 남 일이라 열심히, 내 일이라 또 열심하느라 푸근히 앉아 양념 버무릴 짬이 없었다. 맡겨 놓은 삼남매를 찾으러 가는 저녁 어스름은 늘 다급했고 늘 애처로웠다. 더 늦은 남편 상 앞에 앉아 생선가시 발라줄 시간인들 있었을까. 귀한 줄 모르고 써버린 시절은 가고 거친 발꿈치

와 삭은 무릎이 빚처럼 남았다. 그때 못 끓인 조기찌개에 새 밥 지어 올려내면 갓 버무려도 맛있고 새들하니 익혀도 잘 먹으리라. 한입 크기로 잘라 먹이던 아이들이야 제가끔 제 식탁을 차려 나갔으니 이제는 종아리 살 물러가는 우리 영감만 해 먹이면 되는 일이다. 모름지기 통째로 집어먹어야 맛이라던 식성대로 치아가 거들 수 있을지는 올해 상 위에 올려놔 봐야 알 수 있으리라. 이러니저러니 해도 한 단만 하면 되었을 것을.

광대뼈가 불거져 가만있어도 성난 표정 같더니만 요새 보니 그 뼈만큼 살가죽이 도도록하여 텅 빈 내 볼보다 보기 낫다. 사우나라도 하고 오면 두 볼이 반질반질한 것이 장난기 많은 어린애 같다. 외지 억양 내 말투 듣고는 화내는 줄도 못 알아채던 양반. 이제 와 그 사내가 가여워 보이기도 하는 것은 거울 속 내 모습이 비춰서일까, 나이 들어가는 아이들 얼굴이 보여서일까. 새벽미사 모여 앉은 주름진 마디마다 기도들이 제가끔인데, 그이 기도는 우리 마누라 성내지 않게 해달라는 것뿐이라니 세월이 흘러도 너무 흘렀나 보다. 왕창 쏟아져 주워 담을 수도 없을 만큼 가벼려서 이제는 내가 쑥갓 무치는 법을 배워 그이 입에 흐뭇이 들어가는 즐거움을 알게 되었으니 젊어서는 알 수 없고, 젊었기에 알기 싫던 일을 비로소 깨닫는다.

 헛헛한 미안함 때문이었으려나, 한 단만 사도 될 걸 욕심 부려 들고 오다 그만 앞으로 고꾸라지고 말았다. 하필이면 얼굴을 다쳐 식탁 마주 앉은 지청구를 며칠이나 들어야 할 테지. 우리 영감 새벽기도가 한 자락 더 늘게 생겼다.

라고 나는 홀로 상상했다. 두 주째 공부방을 결석한 할머니 문우께 전화를 드리고 나서. 본래도 늘 겸손한 노작가는 그 알타리를 한 단만 샀어야 했노라 재차 겸연쩍어했다. 괜히 걱정들 할 테니 여차한 사정은 전하지 말라는 당부와 함께. 나는 그 짧은 통화와 그간의 수필 작품이나 대화로 알게 된 신변, 평소 성정을 버무려 이처럼 상상했을 따름이다. 그리고 확신했다. 아무렴 알타리는 두 단을 살 수밖에 없었을 거라고.

 분명 그녀만큼 나이 든 누군가가 팔고 있었으리라. 스산한 가을 길, 시린 무릎의 하소연을 들어가며 집으로 향하던 그 길에 알차고 맨들거리는 그것들이 대야 요람 속에 누워 있었을 것이다. 아이들 고만고만하던 때 같고, 그 시절 내 곱던 팔꿈치 같고, 한입 크게 베물던 남편 두 볼 같아서 차마 한 단만 사서 돌아설 수는 없었으리라. 앉아도 서도 굽어진 허리를 한겨울 잠바로 싸맨 장사치에게 값을 치르는 일까지도 뭉클했으리라. 따스한 집이 지척이고 양념통이 갖추갖추인 부엌이 있고 이른 저녁 집으로 돌아와 반색할 남편을 떠올리며 그녀는 감사 기도를 올렸을지 모른다. 어제보다 더 썰렁해진 날, 작년보다 더 느려진 걸음, 더 쇠한 기운을 몰라서가 아니라 잘 알고 있기에 더욱 마음 급하게 그녀는 기어코 두 단을 사 들고 와야 했다. 그러고 싶었을 것이다. 이왕이면 지금보다 조금 더 무사한 모습이면 좋았을 테지만.

그녀의 알타리 김치가 맛나게 담가졌기를 바란다. 남편의 들큼한 타박까지 보태져 정답게 익어가길 바란다. 나물 하나씩, 절임반찬 하나씩 만드는 법을 물어 익히는 그녀의 소꿉살이가 언제고 재미지기를 바란다. 다음 알타리 철이 오기까지. 그다음의 다음, 더 한참까지도.

한편 그날 저녁, 꽃게 살을 일일이 발라내 된장찌개를 끓인 나는, 밥 한 그릇 더 달라는 남편의 에두른 칭찬을 받았다. 아빠 몸과 마음이 푸근하니 딸들과 장난치는 시간 또한 넉넉해지더라. 이래서 우리는 '언니'가 필요하다. 인생의 기쁨과 보람을 알고, 후회되는 것과 그것을 고쳐가는 것까지 다 알고 겪은 선배 말이다. 모든 언니들의 뜨듯한 행복이 가득하시길 빈다.

한 달 뒤 할머니 영면에 드시다.

마리데레사

시리즈씩이나 염두에 둔 건 아니었다. 목욕탕 할매들이 등장하는 〈여탕보고서〉라는 글이 뜻밖에 작품상과 팬레터를 받자 그 후속편 정도는 고민하던 참이었다. 동족의 생장과 노화를 관찰할 수 있는 곳, 내 주름을 미리 만져볼 수 있는 곳, 가만히 나를 닦아내는 곳. 목욕탕에 갈 때마다 녹신녹신 사유를 불려 문장을 밀어내고자 마음 달았다.

사실 장소는 아무래도 좋았다. 할매들은 어디에나 있으니까. 중력에 닳고 알짜를 내준 덕에 한결 가벼워지고 맑아진 나의 선배들. 나는 철이 들고야 이 명장들을 치하할 수 있게 되었고 연시를 쓰기 시작했다. 봄볕의 할매, 물리치료실의 할매, 달팽이할매와 그 글을 쓴 지 얼마 안 돼 돌아가신 나의 예뻐할머니. 그리고 나는 알타리할머니를 탈고했다. 한 단만 해도 되었을 알타리를 두 단이나 사서 넘어진 할머니. 영감 생각에, 내 곱던 날 생각에, 또 늘 미안했던 애들 생각에 두 단을 사지 않을 수 없었을 알타리. 수필공부방 문우 김욱희 마리데레사를 위한 글이었다.

인생의 기쁨과 보람을 알고, 후회되는 것과 그것을 고쳐가는 것까지 알고 실천하는 선배. 세상 모든 언니들의 뜨끈한 밥상 같은 행복을 바라는 기도 뒤에 그녀는 떠났다. 마치 그만하면 되었다는 듯 사투를 벌이지도 않았다. 일상의 선봉장으로 용맹함을 뽐내던 그녀는 진짜 죽음 앞에서는 죽을 듯한 전투를 치르지도 않고 사신의 부축마저 마다한 채 고매하게 문을 열고 스스로 나아갔다. 그 수많았던 전쟁들, 그토록 치열하게 지키고자 했던 것들. 그런 건 이제 알맞게 익어 각자의 자리로 톡 떨어지고 난 뒤라서일까.

흠숭해 마지않던 하느님 곁으로 가셨으니 한스러운 눈물이야 가당치 않으련만 나는 늘 그렇듯 내가 가련해 울었다. 한동네 살며 도란이 정답던 하굣길이 그리워서, 뒷좌석 텅 빈 차를 몰고 홀로 돌아올 그 새까만 적막이 벌써부터 두려워 나는 쫓기는 사람처럼 울었다. 글 얘기, 성당 얘기, 가족

얘기, 우리를 기쁘게 하는 것들에 대한 이야기. 그 순하고 명랑하던 음성. 뽀얀 웃음. 그리고 내가 철들기만 하면 떠나고 마는 할머니들을 놓지 못한 채.

 손수건을 찾는 가방 안에 뜨듯한 덩이가 잡힌다. 영정사진 앞에서 젊은 망자의 얼굴을 하고 섰던 상주들. 비통한 표정이 아니라면 엄마와 더 닮았을 딸이 슬리퍼를 꿰차고 나와 조문객 손마다 쥐여준 떡이다. 전염병의 세상이 뜨신 국물 나눠 먹는 관습을 없애버렸지만 하나씩 포장된 떡 한 모까지는 어쩌지 못했다. 나는 그 온기가 엷어지는 것이 서러워 차를 세웠다. 깜빡깜빡 비상등 소리가 시간을 재촉한다. 두 손으로 감싸 끌어안은들 붙잡혀 주지 않는 이별.
 큰 숨 뱉어내고 봉지를 뜯어 뜨듯함을 씹어 삼킨다. 얼어붙은 밤하늘에 무겁게 걸린 온달이 이처럼 누런 고물색이다. 껍질 벗긴 양대, 고슬고슬 씹히는 알갱이를 오래도록 우물거린다. 제아무리 천천히 씹어도 이내 사라지고 말. 왜 때때로 버거운 애절함은 성마른 허기로 드러나는지, 나는 짐작할 것도 같고 영영 모를 것도 같다.
 모르는 것 많은 나에게 아이들과 할머니는 눈에 보이는

인과다. 영리하고 열심인 처음과 홀가분하게 지혜로운 노년. 나의 귀한 시작과 명료한 끝이 저 안에 있을 것이다. 나도 저렇게 영롱하게 영글었고 저처럼 후덕하게 흐드러질 것이라 믿으면 세상 두려울 게 없어진다. 내가 딸들에게 그런 미래가 되고, 동생들에게 그런 과정이 되어주길. 할매들이 내게 그런 안도가 되어주듯 나도 할매들에게 그런 흐뭇함이 되어드리길.

평화를. 오직 그 하나, 평화를 빈다. 남은 이들의 먹먹함조차 빨려 들어가 버릴 만큼 깊고 강한 평화가 함께 하길. 주님의 귀한 딸, 마리데레사의 평화는 따로 빌지 않아도 될 터이다. 징징 우는 양하면서도 숙제 잘해오던 내 글 친구. 훗날 그곳에서도 제 동무가 되어주세요.

그곳에선 무거운 거 한가득 들지 마세요.
두 손에 맞춤한 즐거운 것이나 쥐고 한들한들 노니세요.
여학교 때 친구들 만나 뛰어놀기도 하시고요.
저희는 천만큼 울지 않고 잘 지내고 있답니다.
보고 싶어요 할머니, 보고 싶어요 우리 할매들.

씨앗호떡을 먹는 여인 | 35x55cm, 한지에 분채, 2013

글 몰라도 시인인 자

《우리가 글을 몰랐지 인생을 몰랐나》라는 책이 있다. 가난해서, 딸이라서, 나다니기 무서운 시절이어서 한글을 깨치지 못한 할머니들이 뒤늦게 글 쓰고 그림 그린 것을 엮은 책이다. 이른바 '할매 덕후'인 나에게 필독서가 아닐 수 없다.

  어린 날 미처 배우지 못한 이가 책 속 스무 명의 순천댁뿐이랴. 글 모르고 셈 몰라서 당한 불편과 불이익이 자심한 순서대로 만학에 도전하는 것도 아닐 것이다. 그런데 누군가는 해냈다. 운 좋게도 가까이에 인프라가 있었고, 근성 있는 기획자와 왕복 여섯 시간 길을 오가준 스승들이 있었으니까. 더 광범위하게는 할머니들의 투박하고 신산한 사연에 귀 기울여준 사회정서상의 여유 덕도 있을 것이다. 그땐 다 그랬는데 이제와 유난 떠는 것 아닌가 움츠리지 않아도 되었다. 손주와 손주뻘들이, 페미니스트나 인문학도, 또는 아이 키우는 엄마 아빠들이 그녀들을 격려했고 환호했다. 이들은 작품 전시회에 찾아가고 책을 소장했다. 이런 것도 작품이 되려나, 하는 질문에 됩니다 되어야지요 해준 리액션 덕에 할매들은 더욱 용기 낼 수 있었을 것이다.

그러나 여기까지는 배경이다. 큐레이팅이니 마케팅까지도 필요 없는, 2차원 평면에 납작하게 놓인 환경에 불과하다. 이 지점에서 높이와 두께, 질감과 미향을 뽐내는 콘텐츠로 우뚝 솟아오르는 것은 작가 개개인의 역량에 달려있다. 모든 갸륵한 도전이 늘 기막힌 성과로 답해오진 않는다. 어려워 포기하거나 시들해 관둔 이도 여럿일 것이다. 원리를 깨닫고 창의를 누적해 성취와 재미를 눈덩이처럼 불려간 이에게는 그만의 동력이 분명 있을 것이다. 처음부터 그 마음 안에 옹차게 들어있던 저력. 한글을 알건 모르건 이미 시인이요 화가였던 그녀 마음 안의 종잣돈.

이 책의 첫 글에서 나는 그 비상금 뭉치를 발견한다. 훗날 인플레이션한 세상에 내놓았을 때 어마한 달란트 목돈이 되어준 그것 말이다.

동네 아이들에게 글을 가르친 아버지는 4남 2녀 중 맏이였던 그녀를 학교에 보내지는 못했지만 아픈 엄마 대신해 만든 첫 두루마기를 칭찬해 주었다. 열두 살배기의 얼기설기한 솜씨에도 평생 기억에 남을 만한 칭찬을 안겨준 그 사랑이 그녀 가슴속 씨앗으로 힘차게 뿌리내렸다고 나는 생각한다. 그런 아버지의 가슴에는 또 뭐가 있었는지 몰라도 자기 대신 버거운 노동을 도맡던 아내의 사고는 절망 자체였으리라. 부모의 양손이 다 동원돼도 모자랄 육 남매 건사에 아내 팔 하나를 잃게 되었으니 그 막막함이 가학적 자포자기로 이어진대도 놀랍지 않을 클리셰건만, 아버지는 장녀를 보듬고 토닥이는 것으로 비극의 첫날을 시작했다. 그 뒤의 나날은 아마 한 치의 여지없이 고단하게만 흘러갈 것임에도 말이다.

　그녀가 굳건히 살아남아 나이 여든을 넘겨 글짓기를 해낸 것은 밥 짓고 옷 짓던 몸의 경력만으로는 충분치 않다. 그녀가 황량한 백지 앞에서도 주눅 들지 않고, 한 자 한 자 획들을 눌러가며 사유의 시접을 접고, 비하와 자족 사이를 뭉근하게 공굴리기 할 수 있었던 건 어린 날 두루마기 짓던 이력 때문만은 아닌 것이다. 꺼질 듯한 호롱불 앞에서 바느질하는 딸아이의 찡그린 미간을 안쓰러이 바라보던 아버지. 봉숭아꽃 같은 우리 애기 이마에 주름지면 어쩌누 하며 쓰다듬어주시던 손길이 그녀 마음속 씨앗을 자라게 했으리라. 훗날 여럿을 감동시키고 그 자신부터 행복하게 해준 따스한 문장과 그림을 열매 맺게 한 힘 말이다.

  책에 소개된 모든 그녀들에게 이런 아버지가 계셨던 것은 물론 아니다. 그 반대의 경우도 많다. 엄마 가신 뒤 폭음으로 버티는 아버지일지언정 객사할까 마음 졸인 장녀도 있다. 그러나 그녀에게도 요동치는 세월 속에 붙잡고 버틴 나무가 있었을 것이다. 마음에 씨앗 내려 악착같은 희망으로 키운, 지쳐 점멸하는 기운을 일으켜 세우는 잎들의 바람소리 우렁한.

  그 나무를 찾아낼 수 있고, 그 꼴과 속을 간파할 수 있다면 나는 뒤늦게 두루마기 짓는다고 법석 부리지 않고도 용기 내어 다음 걸음 내딛을 수 있으리라. 내가 걷고 내 딸들을 걷게 할 이 길에 꽃나무 과실나무 그늘나무 기댐나무를 심고 가꾸면 되니까.

  적어도 나는 글 하나를 썼다. 할머니 나무의 우뚝한 그 향에 취해, 그 바람에 일렁여 쓰지 않고는 못 배기는 마음으로 감상문을 남긴다. 보라. 한 걸음 또 와지지 않았는가.

책을 읽는 여인 | 45x60cm, 한지에 분채, 2013

모두가 분주한 시내 한복판에서 치열하게 생을 버는 중이었다.
누군가의 동정을 구걸하는 처지라기엔 몹시도 고귀한 자태로.
눅눅한 모포나 해진 모시옷, 환심조차 아무 일 아니라는 듯
그녀의 반듯한 독서는 저 홀로 우뚝하였다.

할매 펜트하우스

정화수 같은 거라 생각했다. 삿된 것이 들어갈 수 없는 엄중함이 부드럽게 일렁이는. 아니면 아들딸 먹이려고 식혀둔 수정과 같은 것. 또는 땀 흘려 찾아온 손님에게 주저 없이 건네는 보리차 한 잔. 이런 게 보통 우리가 할머니 집을 찾았을 때 만나는 것들이다. 정한 마음과 가지런한 몸놀림, 넉넉한 품새와 베푸는데 기꺼운 성정. 나의 외증조모가 그랬고, 머릿장에서 꺼내주시던 바람사탕이 그랬고, 지금도 떠올리면 코끝부터 매워지는 할머니의 집, 할머니의 품이란 그런 거니까.

금정산 꼭대기 '할매집'이라는 이름의 고당姑當봉에 있다는 금샘은 분명 정갈한 마음 한 그릇, 인심 한 대접이요, 한 평생 넘쳐나는 모정의 샘이리라 짐작했다. 범어사에서 출발해 해발 800미터 정상에 올라 속세에 조갈 난 마음을 어리광부리며 달래고 와야지 나섰던 것이다.

두 손 두 발로 돌계단을 더듬어야 했다. 다 와 간다는 하산객들의 입 발린 격려를 이어 붙여 겨우 한 고개씩 넘었다. 할매라는 소리에 내가 마음을 너무 푸근하게 먹었구나 싶었다. 종국엔 밧줄까지 붙잡고 매달려서야 정상에 다다를 수 있었다. 무릎이 시큰하도록 아찔하게 디딤돌을 밟으니 마침내 금샘이 보인다.

오목한 삼각 웅덩이. 두 개의 나팔관과 질을 꼭지점으로 한 자궁처럼 생겼다. 그 가운데 평생 마르지 않는다는 샘물. 내 눈에는 황금빛 싱글몰트로 보인다. 맥아만을 발효하여 오크통에서 숙성시켜 깊고도 똑 부러진 맛이 나는 고급 위스키. 전체 시장에서 단 5%만 존재하는 스카치위스키의 아이덴티티.

하긴. 이곳 할매가 어디 보통 할매인가. 고봉준령을 다스리는 여신이다. 발치에서 독경을 헤아리고 손끝으로 천기를 가늠하는 분. 내 자식 안위 정도를 걱정하는 여염집 아낙의 정화수처럼 보이지 않는 게 어쩌면 당연한지도 모르겠다.

할매집 봉우리는 시시한 잡배들이 범접 못 할 도도한 꼭대기였고, 아래는 있어도 위는 없는 펜트하우스였다. 360도 파노라마 전경이 압도적인 최고층에는 아직 세상사 이치를 짐작 못 한 애송이들은 오르지 못할 위용이 있다. 할매는 무른 것들이 드나들기 좋게 길을 펼쳐놓지도 않았고, 집 한 켠을 내어 곰살맞은 쉼터를 마련하지도 않았다. 험준함을 온몸으로 받아낸 이들에게만 잠깐 비스듬히 서 있을 수 있는 현관을 허락할 뿐이었다. 그런 한정 없는 가파름과 패턴 없는 난해함을 고독하게 이겨낸 자들에게 베푸는 축배이리라. 그토록 크고 생명력 있는 잔에 담긴 그것은.

 할머니들의 음전한 정성을 자연스럽게 수혜하던, 염치없던 시절이 끝나간다. 인내와 중용을 인격의 아름다운 종착지로 여기던 전체주의적 가치관과 함께 말이다. 그간 남성보다 여성 쪽에게 더 무거웠던 관습적 멍에는 이제 갓 할머니가 된 어머니들과 머잖아 할머니가 될 엄마들에 의해 조금씩 합당함을 찾아가고 있다. 육아 관련 강연마다 엄마의 행복이 아이의 자존감과 정비례한다고들 한다. 엄마 스스로 만족하는 인생을 살아야 아이도 안정감을 느낄 수 있다. 고

귀한 부모로부터 태어나고 자란다는 자부심이 아이에게 심어지는 것이다. 엄마 생을 관통하는 뜨거운 열정이 아이에게 동기부여가 되는 것은 말할 것도 없다.

할머니가 되었다고 해서 자손만을 위한 기도를 해야 한단 법은 없다. 어쩌면 지금이야말로 필라테스 회원권을 끊고 중국어를 배우고 적금을 깨서 해외여행을 할 때인지 모른다. 모든 것의 우선순위이던 내조, 육아, 살림이 마무리되지만 피부양으로는 이어지지 않는 사회다. 여자로 태어나 고된 준비 끝에 생명을 잉태해 기른 영예를 스스로 치하하길. 나 자신을 위해 시간과 정성을 들이는 것을 이기적이거나 나잇값 못하는 것처럼 느끼지 않길. 어차피 자식에 대한 애틋한 마음이야 폐경을 맞거나 치매가 온다 하여 없어질 수 있는 게 아니다. 뼈와 살이 기억하는 온기, 만겁의 연으로 얽힌 그 정은 자의로든 타의로든 억지로 끊어낼 수가 없다. 애초에 자궁이란 무언가 살려내기 합당한 곳이지 사라지게 하는 데는 무능하다. 아이를 배어 낳았든 품어 길렀든 모정이란 한 번 새겨지면 지워지기 어렵다.

그런 할머니가 최고층 펜트하우스에서 도도하게 여생을 즐기는 것이 어찌 흉일 수 있겠는가. 아들 사업자금으로 내

놓거나, 막내딸 혼수에 보태는 대신 당신 안위에 투자하는 것을 그 누가 비난하겠는가. 귀한 싱글몰트 한 잔을 음미하고 덥혀진 심장으로 꿈을 좇는 할매의 자존감을 어찌 감히 알맞지 아니하다 할 것인가. 이것은 여자의 존엄에 대한 이야기이자 인간의 권리에 대한 얘기다. 모두가 삶을 끝까지 귀하게 대접해야 할 의무에 대한 것이다.

나도 그런 할매가 되리라. 아이를 기르고, 그 아이의 아이가 자라도록 내 책상을 버려두지 않으리라. 부엌을 키우고 공부방을 넓히더라도 내 컴퓨터, 내 꿈 놓을 자리를 줄이진 않으리라. 찬장에는 손주가 좋아할 주전부리가 가득하고, 달력에는 아이들 만날 날이 공들여 표시돼 있으며, 소파에는 꼬맹이들 낙서 가실 날이 없겠지만, 글을 쓰는 시간과 공간만은 오롯이 내 것으로 지키며 즐길 것이다. 금정산 산신할매 같은 위용을 스스로 만들어갈 것이다.

아내이자 어미로서 일희일비가 남편에게 달리고 아이에게 달린 것은 어쩔 수 없는 일이다. '희' 하는 것이야 두루 좋다지만 '비' 하는 날엔 속절없이 무참하다. 득도하지 않는 한 아마 죽을 때까지 뒤척여야 할 것이다. 그럴 때면 거친 돌바다를 헤집고 할매 펜트하우스에 올라야지. 할매가 건넨

금빛 싱글몰트로 호사하며 가슴 뜨겁게 돌아와야지. 마르지 않는 잔이 길들여지지 않는 길 끝에 늘 그렇게 있을 것이므로.

사색의 시간 | 35x30cm, 한지에 분채, 2018

풍성한 리본 달린 블라우스와 푸른색 스커트 차림으로
손수건까지 깔고 앉은 거리의 사색가.
경이로움에 홀려 한참 동안 몸 낮춰 할머니를 바라보았다.
자리 털고 떠나신 자리에 몰래 가서 앉아보니
눈 감아야 보이는 게 뭔지 조금은 알 것 같다.

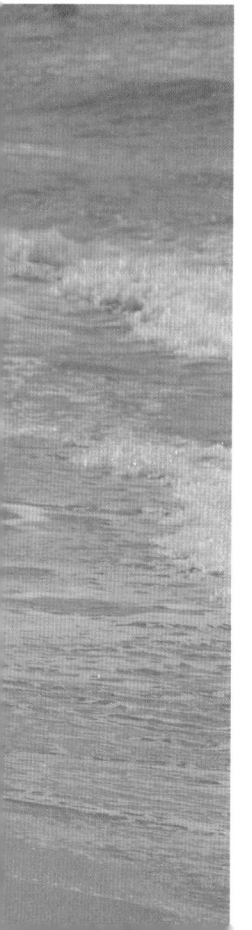

엄마와 딸과 그 딸

여탕보고서

멀미

지영아 고마워

봄갯벌

할머니 여승 여자애

칼

소실점

그렇지 못해서 그렇다고 하는 말

또렷한 위로

잘 지내니

엄마와 딸과 그 딸

잠든 아기의 기저귀를 간다. 새것을 먼저 엉덩이 아래 반반하게 깔아놓고 젖은 기저귀를 빼낸다. 잠결에 순서가 엉키면 오밤중 빨래 대소동이 벌어진다. 자고 있을 때가 아니면 더 복잡하다. 제어하는 기술과 악력, 스피드가 추가된다. 순식간에 몸을 돌려 참새처럼 포드득 내빼는 녀석. 차분했던 큰애와도 다르고 내 순발력도 전과 다르니 아이 여럿을 키운대도 노련해질 수 없는 일이다.

　미동 없이 자는 듯하여 기저귀를 여미지 않고 잠시 펼쳐둔다. 온종일 버스럭거리는 일회용 펄프 안에 갇힌 여린 살이 안쓰럽다. 처음에는 천기저귀를 썼지만 곧잘 새어 늘 빨래가 산더미였다. 기진맥진 아이와 눈 마주치기도 버거워졌을 때 나는 일회용을 사다 쓰기로 마음먹었다. 한 달에 며칠 생리만 해봐도 안다. 저 보드라운 것이 겪어야 할 거북살스러움을. 애처롭게도, 집중해서도 바라본다. 혹시 오줌이 나오면 얼른 덮어야 하니까 아기 음부를 노려보다시피 하고 있다.

암막 커튼까지 친 방. 내 손톱도 겨우 보이는 어둠 속에서 온 감각을 집중해 그곳을 쳐다본다. 작을 뿐 다를 것이 없지는 않은 여자 몸. 내 모습도 저렇겠구나 생각하니 남세스럽다. 두 딸을 키우며 한 번도 남 앞에서 불쑥불쑥 기저귀를 갈지 않은 이유다.

우리 엄마도 딸 둘을 낳았다. 그것도 연년생으로. 태아 성별 확인이 불법이던 시절, 태동이며 진통까지 첫째와는 확연히 달랐던 엄마는 둘째를 낳고 사흘을 울었다고 했다.

> 딸이 싫어서가 아니었다. 장손을 봐야 한다든지, 아들을 키워보고 싶어서도 아니었어. 불쌍해서…. 내 딸들이 불쌍해서 울었다. 이 핏덩이가 앞으로 여자로 살아갈 일이 불쌍해서.

지독한 생리통을 겪고 심한 입덧에 목숨 걸고 애를 낳아 길러야 하겠지. 여자라서 참고 차별받고 눈치 보고 두려워해야 할 테고. 나처럼, 내 아기가 그걸 또 겪어야 한다는 게 너무 기가 찼다. 부디 아들을 낳아서 내 새끼만은 모든 걸 피하게 해주고 싶었어.

남동생들보다 공부를 잘했던 장녀는 서울 진학을 양보하고 2년제 교육대를 나와 일찍 밥벌이를 시작했다. 결혼해 시부모 빚 갚아가면서도 집 평수를 늘렸고, 출산한 지 한 달도 안 돼 학교에 나가 남의 애들을 가르쳤다. 시동생들 시집 장가 다 보내고, 어르신들 상 치르고, 친정아버지 병원비 대고, 동생들 살림까지 돌보는 큰누나이자 맏며느리였다. 가부장적이지만 성실한 남편의 아내, 착하고 영리한 딸들의 엄마로 사는 건 물론 기꺼웠을 것이다. 하지만 그 안에 희생하며 버틴 구석이 어찌 없으랴. 아첨꾼처럼 비위 맞추고, 배알 없는 듯 참고, 두 배로 뛰어다니면서도 반 토막밖에 가져갈 수 없던 서러움이 양수와 함께 눈물로 쏟아져 나온 것이리라.

　다시 아기의 음순을 바라본다. 너무 하얘서 인형 같고 그림 같은 살결. 당장은 기저귀 떼는 일만도 까마득하여 이 아이가 소녀가 되고 아가씨가 되고 엄마가 되는 일 같은 건 상상도 되지 않는다. 하지만 영영 오지 않을 일은 아니다. 여자로 태어나 여자로 사는 일. 이미 정해진 일이고 벌써 하고 있는 일이다.

　나는 울지 않았다. 내가 여자로 살면서 우는 날은 있었지만 내가 여자를 낳아서 울지는 않았다. 나는 내가 낳은 여자만이라도 덜 울게 하리라 각오했다. 세상이 조금씩 변하고 있고 또 내가 그녀들을 여물게 키울 거라고, 아기 머리통을 내보내느라 찢고 꿰맨 아랫도리가 쓰라려 앉지도 서지도 못한 채 나는 마음먹었다.

딸들 앞에 놓인 모든 자갈을 치워주고 매서운 공기를 걷어내 줄 순 없지만, 내가 위로받았던 고운 뜰에 손잡고 데려가리라. 내가 헛디딘 돌을 피하게 하고, 내가 깨달은 약간은 교묘한 노하우를 일러주리라. 여자여서 참 좋은 날들을 부풀리겠지만 그렇지 않은 날들의 절망 또한 숨길 생각은 없다. 가지지 못한 것에 감사해야 가진 것에도 감사할 수 있는 법이다.

어느 날 문득 어른이 되고 엄마가 된 딸들이 질끈 용기 내 보게 하는 글을 쓰고 싶다. 포기하고 싶을 때 꺼내 보라고 주신 사부님의 비법 주머니까지는 아니더라도 시행착오를 고해하는 오답노트 정도는 되고 싶다. 식은 도시락통 안에 든 작은 쪽지이기를, 나도 너처럼 이곳에 왔다 갔다는 낙서라도 되고 싶다. 할머니와 어머니로 이어진 어미라는 종의 역사가 나를 통해 너에게도 전해졌음을 일러주는 문장이 되고 싶다. 내가 자꾸 글 속에서 애들을 끄집어내고, 어머니들의 둥실한 허리에 매달리고, 할매들 빈 젖에 파고드는 이유도 이 때문인지 모른다.

인간은 누구나 거대한 텍스트다. 그 장구한 콘텐츠를 담아낼 미디어가 마땅찮을 뿐이다. 종이는 평면적이고 캔버스에선 시간이 멈춰 섰다. 악기는 음정과 박자 사이를 표현할 길 없어 아쉽고 필름 또한 국한적이다. 그래도 인류는 포기하지 않았다. 그랬더라면 역사는 아무것도 누적하지 못했을 것이다. 증오나 자부심도, 지혜나 반성, 교감과 상식 같은 것들이 실존을 공증하지 못한 채 소문처럼 떠돌다 휘발돼 버렸을 것이다. 내 딸들이, 너무 소중해서 덜컥 겁부터 나는 세상의 딸들이, 어쩌다 엄마가 된 그녀들이 갑자기 양수처럼 서러움이 터지고 젖샘이 눈물샘으로 옮아 붙을 때 가만히 쓰다듬는 마음을 언어로 일궈 두고 싶다.

글 이전에 나라는 텍스트를 살뜰히 채우는 게 먼저리라. 요즘 글쓰기를 버려두고 아이들과 실컷 놀기나 하는 사연이 이렇게나 길다.

여탕보고서

어유 좋다. 습하고 더운 날씨를 피해 습하고 더운 목욕탕이라니. 어유 시원하다. 뜨거운 탕에서 땀을 줄줄 흘리며 시원하다니. 알다가도 모를 어른이 되었다. 평일 낮 여탕에는 다 큰 어른과 더 늙은 어른뿐이다. 젊은 축들은 아이 등교시키자 바로 왔다가 머리를 공들여 말리고 유행하는 색깔의 립스틱을 바르곤 브런치 카페로 떠났다.
 활짝 깬 도시가 흥을 못 이겨 숫제 껑충거리는 이 시간. 온탕 옆에서 제 무릎을 바라보고 앉은 이들은 뱃살이 늘어지고 머리숱이 성성한 할매 뿐. 그네에게 목욕탕은 더 넓고 밝은 곳으로 나아가기 위한 경유지, 대기실이 아니다. 오늘의, 또는 이번 주의, 또는 이번 달의 작심한 목적지다. 그래서인

가. 저토록 진중하게 몸을 불리는 것은.

귀걸이 한 쌍 차지 않은 맨몸. 눈썹 한 줄 긋지 않은 맨 얼굴. 어미 늑대마냥 처진 가슴 덜렁거리는, 중력에 닳은 몸, 알짜를 내준 몸. 새끼를 길러낸 암컷의 몸. 그냥 보아서는 누가 누군지 구분할 수도 없다. 한 개를 뺏기고 한 개를 뺏느라 서로 억척을 부려왔을 테지만 이제 와 벗고 앉으니 모두가 하나의 물상이다. 다 합쳐도, 따로 보아도 그저 한 덩어리의, 체취가 있는 뼈와 살. 엄마, 아내, 딸, 여자라는 개체. 동일한 생장을 거치고 대동소이한 역사를 지닌 자연계의 한 부류다.

분홍이 얼룩이 점박이 아기 돼지 열두 마리보다도 변별점 없는 그들 사이에 섞여 있으니 나는 운명적으로 안도한다. 포식자도 경쟁자도 없는 물가에서 우리는 평화를 만끽한다. 그리고 어쩐지 연민한다. 내가 느낀 그 피로를 너도 겪은 것이 안쓰럽고, 내가 느낀 그 불안을 너도 맞닥뜨리게 될 것이 서글프다. 격투기 선수들이 난폭한 경기를 끝내고 서로 끌어안다가 울음을 터트리는 것을 본 적이 있다. 피와 땀과 눈물이 범벅된 채 짐승처럼 울부짖는 사내에게도 이처럼 같은 숙명을 연민하는 마음이 치솟았을 것이다. 그 순간은 챔피언 벨트를 가진 자도 잃은 자도, 그 지독한 훈련과 압박감을 지켜보거나 짐작하는 자들도 함께 운다. 어쩌면 무리를 존중하고 격려하는 태도이리라. 계속해서 정직하고 치열하게 맞서 싸워야 한다는 다짐이기도 할 테고.

 누군가 묵묵히 때를 민다. 성을 쌓듯 서두르지 않는다. 건너뛰지 않고 치중하지 않는다. 조용하고 익숙한 놀림. 실수 같은 것이 있을 리 없건만 그녀 등 한가운데 허점이 남았다. 노쇠한 어깨를 돌려 팔을 위에서 뻗어도 아래에서 올려도 닿지 않는 곳. 손을 바꿔봐도 마찬가지다. 목덜미며 복사뼈까지 온몸이 때 타올에 벌겋게 쓸린 탓에 손바닥만 한 미점령지가 더욱 해쓱해 보인다.
 반송된 채 바래버린 편지 봉투 같다.
 편지의 수취인은 누구였을까. 가까이 살았더라면 함께 왔을 며느리일까. 한참 일하고 있을 딸일까. 언제부턴가 얼굴도 보기 힘든 큰손녀일까. 요양병원으로 들어간 동네 친구, 또는 겨우 눈인사나 하고 지내는 이웃일까. 세월이 길었거나 마음이 엇갈려, 사는 게 고되거나 인정이 예전 같지 못해 그 편지는 누구에게도 닿지 못했다. 늙은 여자의 편지 부치는 방식이 잘못이었을지도 모른다. 그러다 이제는 고칠 수

없는 습관이 돼버려 이내 체념하고 만. 어쩌면 그저 오늘만 이렇게 혼자인 걸 수도 있다. 그렇지만,

　할머니, 제가 등 좀 밀어 드릴게요.

　나는 결국 내 성미에 봉투를 열고 말았다. 그깟 편지, 쓴 사람만 괜찮다면야 누가 열어보면 어떤가. 나는 정성을 다해 편지를 읽는다. 글 대신 온기를 더듬어 읽는다. 다른 곳과 혈색이 맞춰지도록 몸을 더 숙이시라 하여 골고루 문지른다. 하지만 앞으로의 몫까지 밀어드릴 수는 없을 것이다. 흰머리처럼 번져가는 내일의 때를 밀어드릴 수는 없다. 도독해진 주름살 사이에 패인 그리움까지 닦아드릴 수는 없다. 그것은 누구나 자신의 몫이다. 세월 앞에 배짱부리던 시절의 청구서다. 나중에 나중에 좋은 날 풀어가리라 미뤄뒀던 엉킨 관계의 이자다. 노쇠한 등에 말간 물 두 바가지를 퍼부어 드리고 나는 탕을 나왔다.

　요즘은 도통 낮에 목욕 갈 짬이 나지 않는다. 아직 새끼를 덜 길러서, 써야 할 글이 많아서, 만날 사람이 있어서 안식의 물가에 앉아 내 몸을 구석구석 바라볼 시간이 없다. 코앞에 닥친 일들을 해내느라 이십 년 후, 삼십 년 후 같은 가늠은

해보지도 못한다. 하지만 불안하지 않다. 늙어가는 길은 엄마로부터 모의체험 해본다. 엄마처럼 되거나 엄마처럼 되지 않으려 하다 보면 나만의 길로 조정해나갈 수 있을 것이다.

  게다가 거기에 가면 동족의 생장과 노화를 관찰할 수 있다. 내 주름을 미리 만져볼 수 있는 곳. 천천히 걷고 느리게 말하는 곳. 알몸과 서러움을 벌겋게 드러내 보여도 해치지 않는 곳. 가만히 나를 닦아내는 곳. 약간의 호의만 가지고도 남까지 어루만질 수 있는 곳. 우리에게는 여탕이 있다.

이수영 작가의 '여탕보고서'

주말의 명화 | 120x190cm, 한지에 분채, 2009

누런빛이 쏟아지는 주말 오후였습니다.
엄마, 언니와 함께 목욕 가방을 챙겨 여탕으로 향하는 때는.
비슷한 여체들로 북적이는 희부연 욕탕에서
우리 셋은 바짝 붙어 앉아 속살거렸습니다.
어릴 적 기억은 어쩜 이렇게 냄새까지도 선명한지요.
강판에 갈린 초록오이와 살구비누, 시큼한 요거트 향과
어둡고 좁고 깊은 쑥탕 내음까지 나는 잊을 수가 없습니다.

상팔자 | 30x30cm, 한지에 분채, 2009

가장 좋았던 날들이어서일까요.

그땐 리드미컬하게 내 몸을 밀어주던 엄마가 계셨지요.

콧노래를 부르다 눈이 마주치면 찡긋 웃던 엄마.

그리고 자기도 아직 어린애면서

김 서린 안경을 찾아 끼곤 나를 데리고 나가

야쿠르트를 사주던 우리 언니.

깎인 손톱처럼 가버린 시절은 돌아오지 못할 테지요.

영영 우리 곁을 떠난 등밀이 기계처럼요.

그녀의 퇴장 | 30x42cm, 한지에 분채, 2013

내 등으로 전해지던 엄마의 활기찬 생기가 그립습니다.
뜨겁기도 차갑기도, 아프기도 간지럽기도 하던 그때.
그래도 뭐든 우리가 견딜 수 있을 만큼만 어렵던….
이제 각자의 등에 더께 진 이 난해한 서러움은
누구에게 벌겋게 드러내 보여야 하는 걸까요.

혼자하는 목욕 | 38x61cm, 한지에 분채, 2017

작아진 엄마의 등을 바라봅니다.
엄마의 슬픔이 완전히 풀려지기를
언니와 나는 기다리고 있습니다.
그리고 간절히 바라고 있습니다.
조금은 아플 테지만 더 개운해진 마음으로
우리의 작고 뜨거운 여행이 다시 시작되기를요.

멀미

환절기. 기온이며 습도, 체온까지 제멋대로 출렁이는. 멀미 같다. 속까지 뒤집힌 하늘이 잿빛 토사물을 게워내고 다음 날이면 대청소를 끝낸 듯 해사하게 군다. 뭣 모르고 자란 잡초들이 엉겨 다투고 포악한 바람이 아무 먹살이나 잡고 흔든다. 속절없는 것들이 뜯겨 나가고 그러면서 또 기웃기웃 새로 돋아난다. 좀체 정신을 차릴 수 없고 항생제를 끊을 수 없다.
 다가올 계절의 옷 위에 지난 계절 옷을 껴입었다가 벗었다가 다시 입는다. 컨디션이 조금 좋아진 날에도 멀끔한 창밖으로 나설 엄두가 나지 않는다. 가만히 앉아 쫓기듯 흘깃거리며 짧은 문장이나 읽는다. 벌 받는 자에게 시험하듯 주어진 불온한 안녕을 의심하느라 그날의 기력을 다 쓴다. 그러면 또 금세 다음 날이 된다. 예측할 수 없고 못돼먹은.

버티느라 커피를 마시면 종일 목이 마르다. 말간 오줌만 자꾸 눈다. 검고 탁하고 끈적한 여과물은 몸 안 어딘가에 눌러 붙어버린 걸까. 그것이 날숨과 같이 빠져나가야 할 내 안의 검고 탁하고 끈적한 것들을 막고 있는 모양이다. 날숨, 한숨, 헛웃음, 콧물, 땀, 하나마나 한 이야기, 뜻 없는 송구스러움, 몸에 밴 인사 따위와 함께 쓸려나가야 할 무언가를. 그렇게 빠져나가야 또 다음 날 살아낼 새 숨이 들어찰 공간에 갇혀.

토해 내고 싶은 이야기는 꺼내지 못한 채 화만 낸다. 불안하고 억울하고 원망스럽다. 출렁이는 계절의 한가운데 갇혀 나는 아무것도 할 수 없다. 진도 앞바다에 끼어, 생과 죽음 사이에 끼어 출렁이던 그날처럼.

악의 얼굴은 몹시도 태연자약하여 혹시 나만 모르는 세상의 일이라도 있는지 자문할 뻔했다. 조롱하듯 침몰선 주위를 맴돌기만 하는 선연한 잔혹함에 무슨 저의가 있을 거라고. 긴 세월 길들여진 방정함을 저주했다. 크고 작은 사건 사고 앞에서 내 탓부터 헤아려 버릇한 겁 많은 조심성, 그 온순

한 열등감. 위대한 자들이 능숙하게 일을 처리할 테니 나 같은 범인들은 그저 가만히 있어온 음전함도 원망했다. 한편으로 그 공포가 너무도 정연하고 담대해서 그것을 맞닥뜨린 이들의 얼이 쑥 빠져나가 미처 무섭고 슬플 겨를조차 없는 편이 나았겠다고 생각한다. 낫다, 라는 단어를 이렇게 써도 되는 건지. 한 줄 한 단어 이어가기가 이토록 어렵다.

그때 나는 내 바다에 앉은 내 생명 붙들기가 바빴다. 태아의 강낭콩만 한 심장이 조난 신호를 보내왔다. 끔뻑끔뻑. 원래는 이보다 훨씬 빠른 속도로 뛰어야 한다는데. 뭐라도 해야겠다고 입원을 자처한 날, 배가 가라앉았다. 끔뻑끔뻑. 검은 바다에 고깃배 집어등이 간간히 흐릿했고, 아마도 생은 그보다 더 빠르고 더 밝은 빛 안에 있을 터였다. 그러나 그때는 짐작하지 못했다. 식판을 싹싹 비우며 일주일을 버티면서 의심조차 하지 않았다. 그런 빛이라도 간절하면 붙잡아지는 줄 알았고, 지금 세상이 어떤 세상인데 설마하니 그렇게 끝날 줄 몰랐으니까.

이제 와 그 낙관이 얼마나 정신 나간 짓이었는지 새삼 끔찍하다. 죽음 코앞에서, 부조리의 목전에서 내가 또 그런 맹렬한 믿음을 휘둘러 댈까 두렵다. 상실만이 아니라 자책 때문에도 갑절로 괴로운 시간은 반드시 온다. 애써 순진한 척 굴었던 죗값이 주인을 찾아올 테니.

모든 점멸이 멸해버린 뒤 바깥은 소란스러워지기 시작했다. 가만히 있지 않기로 결심한 사람들의 함성과 오열 속에서 나는 아무것도 하지 못했다. 나는 당사자 같기도, 방관자 같기도 했고 가해의 죄책감에도 시달렸다. 아기집을 긁어내고 오던 날, 끝내 떨어지고 말 마지막 잎새가 보기 싫어 모든 커튼을 치고 스스로 갇힌 사람처럼 굴었다.

그때 울지 못한 울음이 이토록 해마다 일렁이는가. 메슥메슥. 지평선마저 흔들리며 바른 것 그른 것 적당한 것의 경계가 요동쳐 온종일 열이 끓었다 식고 욕지기가 나는가. 언제쯤 뭍에 우뚝 서서 온전히 앓고 온전히 낫고 온전히 희망할 수 있을까. 나는, 그리고 어떤 나들 또한 아직 제대로 슬프지도 못했는데.

416 기억교실이 복원되었다고 한다. 복원, 이라는 말을 써도 되는 건지. 글밖에 가진 것 없는 종이 위에서 메스껍도록 무참하다.

기적 | 13x13.5cm, 종이에 채색, 2014

비 내리는 버스 안에서 나는 다급히 기도했다.
더 할 게 없을까 하여 집에 오자마자 아무 종이나 쥐어 들었다.
영검한 부적이라도 돼주길 빌듯 몇 날 며칠 진을 뺐지만
무구했던 바람은 너무나 천진스러워 무안한 것이 되고 말았다.
잊지 않겠다. 그럴 수도 없고 그래서도 안 되니까.

지영아 고마워

82년생 즈음의 김지영들이 모두 벽 앞에 가로막혀 살았던 건 아니다. 물론 나도 명절마다 할머니한테 '쓸 데도 없는 가시나' 소리를 들어왔고, 정액으로 추정되는 분비물이 종아리에 묻은 채 통학버스에서 도망치듯 내린 적도 있다. 복잡한 지하철에서 악의가 있든 없든 내 뒷덜미에 닿는 남자 숨결이 끔찍하고, 온갖 성추행 사건 소식에 비탄보다 공포에 사로잡힌다.

 그럼에도 불구하고 나는 뭔갈 쳐부수고 나아가는 쪽이었다. 머시마들을 이끄는 골목대장이었고, 사우나 빼고는 뭐든 함께 할 수 있는 직장동료였다. '예민하게' 굴지 않으려 먼저 음담패설을 내뱉기도 했다. 열등한 종족으로 분류되지 않기 위해 진화를 거듭한 돌연변이처럼 굴었지만 지금 와 생각해보면 가스실 앞에서 급하게 입술을 깨물고 생기 있는 척 웃어 보인 유태인에 불과했을 것이다. 이 사실을 그때도 몰랐을 리 없다. 그토록 종종 혼자 무서웠고 나 자신까지 속여가며 무언가 포기했던 걸 보면. 그리고 결국 크고 힘센 남자, 지금의 남편 앞에서 김지영 임을 커밍아웃한 걸 보면.

최연소 여성 부사장쯤은 할 줄 알았던 나는 임신계획을 세운 후 그 바닥을 떠났고 이제 다시는 돌아갈 수도 없거니와 스스로 그러기를 겁낸다. 받아줄 곳이 없으니 그 겁만큼 무용하고 무참한 것이 있으랴. 나는 쓸모도, 실체도 없는 겁 때문에 사십여 년 어치의 좌절을 일시불로 한 방에 맞고 쓰러졌다. 그리고 영화 〈82년생 김지영〉이 개봉했다. 일조량의 감소, 두 딸의 병간호, 차도 없는 내 열 감기와 체력 손실, 연말 헛헛함과 호르몬 변화 등도 물론 이유가 되었을 거라 생각한다.

보신각 타종 때 세운 소원 세 가지도 이루지 못했다. 막내가 어린이집만 다니기 시작하면 다시 최연소 여성 무엇 타이틀을 딸 수 있을 거라 꿈꿨던 게 애초 잘못이었다. 큰애를 임신하면서 강제적 동안거에 들어간 나는 그 십여 년 전 배포 그대로를 봉인한 채 집에서 이만 갈았던 것이다. 당시 나는 커서 대통령이 되겠다는 여덟 살마냥 의기양양했고, 수행 방을 나와서도 같은 꿈을 이어 꾸었다. 그럴 수밖에 없었다. 업데이트가 안 되는 곳에 있었으니까. 그간 홀로 포부만 자글자글 졸이고 있었던 거다. 세상도 능력도 근력도 그대로인 줄 알고 발만 동동 구르다 상대도 없는 링에서 대차게 쓰러지고만 꼴이었다.

스스로 형편없는 사람이 된 것 같았다. 무능하고 무지한데 오만 방자하게 굴다 이 꼴 났다 싶었다. 그렇다고 애들을 기막히게 키웠나 하면 그런 것도 아니었다. 애들 기침소리가 망치질처럼 내 가슴에 박혔고, 매사 조심스럽고 키까지 덜 자란 큰애도 내 탓 같았다. 그간 글 쓰고 운동하며 관리해왔다고 생각했던 성과들도 미미하기 그지없었다. 이 나이치고, 아줌마치고, 애 엄마치고 조금 괜찮은 정도이지 대단히 내세울 만한 것도 아니었다.

차곡차곡 쌓여가는 남편의 성공도 내 자존감을 더욱 추락시켰다. 둘 다 귀하게 태어나서 공부 많이 하고 자기 분야 집중하며 서로 독려하고 존중하던 우리였는데 나만 표류해 여기 있다. 무심히 괜찮냐고 물어온 남편의 한마디에 나는 소리 내 울어버렸다. 부끄러움이고 자존심이고 다 내려놓고 처지를 인정한 첫 구조 요청인 셈이었다.

  두 번째는 더 쉬웠다. 아니 더 간절했다. 엄마 기분을 살피는 딸들 때문에라도 얼른 떨치고 일어나야 했다. 속내를 꺼내자 아줌마 친구들이 득달같이 위로해주었다. 요령 없고 겁 많아 보이던 지영이들. 나를 구원한 건 결국 그들이었다. 그들과 같은 부류가 되지 않으려 발버둥 쳐왔던 나를 공감해주고 보듬어주었다. 그들은 지치지도 않고 누군가를 위로한다. 자신의 치부를 보이면서도, 자신으로 전이되는 낙담을 감내하고서라도 상대가 기운 차리기를 소명처럼 바란다. 마치 아내의 병환을 걱정하는 남편을 되레 다독여주는 지영이처럼. 이 답답이들의 위로가 되리라. 나는 다시 노트북 앞에 앉았다.

  각종 비타민량을 늘였고 일하는 시간을 줄였다. 열심히 해야 할 때보다 멈춰야 할 때, 애쓰지 말아야 할 때를 깨닫고자 한다. '안 되면 되게 하라'던 신조가 이제는 나를 떠나 젊고 푸른 출발역으로 되돌아가는 것을 조금은 애잔하게 바라본다. 나는 이제 이 역에서 내려 다른 열차로 갈아타 더 멀고 긴 여정을 계속해야 한다. 환승한 차의 이름이 무엇인지는 아직 잘 모르겠다. 앞으로 몇 번을 더 갈아타야 하는지도 모른다. 그때마다 계속 애석해야 하는 건지, 내리네 마네 실랑이를 벌여야 하는 건지 잘 모르겠다.

다행히도 주위에는 다들 처음이자 혼자인 여행객이 많아 보인다. 서성이며 어리둥절하거나 서글프거나 화내거나 체념하는 지영이들 말이다. 그들과 함께 이 구간을 통과해보련다. 감사와 연민을 나누고 칭찬과 격려를 주고 받으며 엄마로, 아내로, 한 인간으로 살아가는 건강한 여행객이 되길. 나도 너도 그녀도.

봄갯벌

깜빡했던 일이 생각난 듯 봄눈이 내린다.

 눈 내리는 날엔 사위가 고요하다. 정교한 눈 결정체 안에 소리가 갇혀 그렇다던가. 그러면 눈을 잘게 바수트리면 갇혔던 소리들이 와글와글 쏟아져 나올 것인가. 한 줌 눈이 붙잡은 소리래야 그 눈이 손바닥 온기에 녹아 똑똑 떨어지는 소리보다 작을지 모른다. 하지만 앞산과 뒷산, 도로와 오솔길, 아파트 수십 동을 뒤덮은 눈이라면 움켜쥔 소리의 양도 대단할 것 아닌가.

 그럼에도 햇살이 여러 날 공들여 얼음 포박을 풀어준 소리들이 사방으로 흩어지는 걸 듣지 못하는 까닭은 그보다 더 큰 소리가 세상을 뒤덮기 때문이리라. 질퍽한 흙길을 밟으며 산을 오르는 소리, 나무들이 허겁지겁 물 들이키는 소리, 세탁기 안에서 오리털 잠바와 털장갑 돌아가는 소리, 부푼 땅 위로 개미와 아기들이 놀러 나온 소리 같은 것 말이다.

 썰물처럼 겨울이 빠져나간 자리에 펼쳐진 소란스러운 봄 갯벌이다. 어둡고 찐득한 땅에서 푸르고 여린 생명들이 기지개를 켠다. 자취를 감췄던 길고양이마저 활보를 시작했다. 엄마 품에서 찐 고구마나 야금대던 아기도 꼬까신 신고 놀이터에 당도했다. 환절기 질병과 황망한 비보들을 떨쳐낸 할매들도 다시 산책길에 나선다. 눈길 닿는 곳마다 생이 촘촘히 박힌 풍요로운 갯벌. 어디에 숨어들 있다가 이토록 한날한시에 나타난 것일까.

 찬 바람 불기 전, 알곡 가득한 가을 밀물이 천지를 덮었을 때 세상에 스며들었다가 겨우내 부지런히 긍정을 모의한 덕분이리라. 피고 졌으되 다시 필 것을 의심하지 않는, 긴 밤보다 더 길고 질긴 믿음의 역사가 있었기 때문이다. 미련한 믿음은 기어이 희망을 끌어들이고야 만다. 칠 년 동안 둘째 아이가 생기지 않아 마음 쓰던 때도 그랬다. 불안이 들불처럼 번지다가도 씨앗만 한 믿음이 모든 것을 불러 세우곤 했다. 우직하게 기다려온 생이 용하다. 이토록 찬란하게 돌아와

주어 고맙다.

 가까운 외출에도 자동차 배기가스를 뿌리고 다닌 나에게까지 봄이 와주었다. 톡톡한 봄옷을 꺼내 입고 달랑이는 귀걸이를 찬다. 자전거 바퀴에 바람을 넣어두고 미나리를 무친다. 짐처럼 버거웠던 아기 겨울 바지도 빨아서 따로 챙긴다. 홑바지 새 바지를 입은 아기는 중력을 거스른 듯 하늘 향해 동실 솟은 목련 봉오리마냥 가볍다.

 몸을 옹그려 작고 낮고 무르고 귀한 것을 본다. 도톰한 볼록렌즈처럼 자신을 오므리고 낮춘다. 돋보기가 되어 그 말간 것을 응시하다 실수로 불이 붙을 것도 아닌데 마음이 조심스럽다. 그러거나 말았거나 작은 봄들은 우렁차다. 보도블록 사이 손톱만 한 땅에 핀 민들레 새싹도 그 땅에선 자기가 제일 크고 위대하다는 사실을 안다. 강낭콩만 한 태아의 심장박동이 얼마나 힘차고 경쾌한지 들어본 사람이라면 쉬이 이해하리라.

 하찮은 생은 없다. 살아 움직이는 모든 것은 매 순간 클라이맥스다.

할머니 여승 여자애

여승이었다. 서슬 퍼런 용이 휘감은 큰북을 두드리는 이는. 독경을 외는 스님 체구가 워낙에 커서 옆 사람이 그저 아담하게 느껴지는가 싶었는데, 잠깐 비친 옆모습이 영락없는 여자 얼굴이다.

　하나같이 머리를 깎고 너나없이 잿빛 승복을 걸친 이들이다. 여자, 남자, 아들, 딸, 어미나 아비의 표징을 스스로 거세한 자들. 속세의 잣대로 걸러지지 않는 부처님 큰 틀 안에서 살기를 자처한 이들이다. 풍덩 한 법복 안에 육을 감춘 채 경전을 외우고 북을 두드리는 저 유한한 도구 안에 이렇게나 명징한 여성성이 들어있을 게 다 무언지.

　여자임을 알고 보니 어깨가 더욱 동그랗고 음전하다. 할머니 돌아가신 지 사십구 일째. 절에서 올리는 막제가 진행되는 세 시간 남짓, 한 번도 흐트러진 적 없는 저 허리는 아마 두루마기 안에서 잘록하니 매끈할 것이다. 단아한 눈매와 북채를 그러쥔 손가락마저 아름다워 나는 어쩐지 서글펐다. 지금쯤 땅속에서 썩어 무너져갈 할머니의 보드랍던 팔뚝을 떠올리니 저 아름다운 뼈와 살이 더욱 한스럽게 여겨진다.

저 확실한 몸은 달마다 생리도 할 것이다. 승복에는 주머니가 있는가. 어디에 생리대를 넣고 화장실에 갈 것인가. 하릴없이 쏟아내는 검붉은 피들은 어떻게 떠나고 어떻게 다시 오는가.

여성은 날 때부터 난자의 개수가 정해져 태어난다. 난소 안에 들어있다가 사춘기 초경부터 길게는 사십여 년 동안 한 달에 하나씩 성숙해 나팔관으로 이동한다. 거기서 스물네 시간을 살면서 정자를 기다린다. 착상될 것에 대비해 자궁벽이 두꺼워지고 부드러워진다. 정자를 만나지 못하면 자궁 점막과 함께 떨어져 나가는 것이 월경이다. 생명이 되거나 그렇지 않으면 피범벅으로 생리대에 말려 버려지는 것. 난자의 운명이다.

한 달에 하나씩 배란되어야 하는 난자를 난임병원에서는 약물을 통해 개수를 늘인다. 여러 개의 난자를 성숙시켜 일제히 채취해 정자와 인공적으로 수정시킨 후 다시 자궁에 이식한다. 그때도 성공 확률을 높이기 위해 두 개 이상의 수정란을 이식하곤 한다. 이런 시험관 아기 시술이 많아진 요즘 쌍둥이가 많은 것도 이 때문이리라.

나도 스무 개쯤 되는 난자를 한날한시에 키워 채취했고 두 개의 수정란을 동시에 이식했다. 수술실에서 한꺼번에 많은 난자가 체외로 끌려나간 날, 호르몬이 과다 분비되고 자궁 외벽이 지나치게 두터워져 복수가 찼다. 심하면 호흡 곤란이 올 수 있다고 의사는 경고했다. 밤잠 시 유의하고 가까운 응급병원을 염두해 두라는 말이 몹시도 상냥하여 나는 한참 동안 그 뜻을 헤아려야 했다.

그렇게 시술 세 번 만에 우리 집 막내가 내 안에 왔다. 매일 배꼽 주변 피하지방에 내 손으로 주사기를 꽂아 배란 유도제를 주입하는 일도 끝이 났다. 그렇게 과배란시킨 난자를 미리 많이 꺼내 쓴 나와 달리 저 여승은 나보다 오래 달거리를 해야 할지 모른다. 주머니도 없는 두루마기를 입은 채.

영정사진 속 할머니는 귀걸이를 하고 계셨다. 가락지 정도면 몰라도 할머니가 귀걸이 찬 걸 본 기억은 없다. 십여 년 전 내 결혼사진을 뒤져봤지만 거기서도 아니었다. 물론 할머니에게도 장신구 같은 게 많이 있었을 것이다. 그러나 수시로 기대 누울 때 불편해서, 더워서, 성가셔서, 보여줄 데가 없어서 점점 차지 않다가 하나씩 버리고 나눠주고 잃어버렸을 것이다.

그런 할머니가 영정사진을 찍으러 가면서 귀걸이를 달았다. 제일 고운 한복을 꺼내 입고 막내아들 부축을 받으며 사진사가 하라는 대로 미소를 짓고 포즈를 취했다. 세월 속에 살이 썩고 뼈가 녹는 것을 누구보다 잘 알았을 할머니도 영정사진 속에서는 아름답길 원했다. 두 귓불에서 귀걸이가 초롱초롱 빛나는 것을 포함해서 말이다.

이승을 떠나고 속세를 떠나도 여자로 사는 것은 운명인가. 평생 아름다움을 갈구하여 어머니들 카톡 프로필 사진마다 들꽃이 지천이요, 꽃보다 아름다운 아이들 얼굴이 해사한가. 사춘기가 까마득한 저 어린것만 천진하여 새 구두 신기기가 이렇게 어렵다. 꽃도 달렸고 반짝이기도 하는 까만 보석 같은 구두를 팽개치고 맨발로 도망치기 바쁘다. 좀

컸다 하는 제 언니가 거울 안을 요리조리 살펴 가며, 도독한 굽이 있어 걸을 때마다 소리가 나면 좋겠는데, 하는 것과도 다르다. 또각또각 멀리서 제 오는 소리는 들을 수 있어도 사각사각 제 일기 쓴 것은 보여주지 않는 나이. 요즘은 아이들 성장이 빨라 내일이라도 초경을 한대도 이상하지 않을 저 여자 나이.

낡아 버린 옷은 없건만 새 계절이라고 블라우스 한 장을 고른다. 광택이 은은하고 싸개 단추가 앙증맞은 분홍색 블라우스. 가려서도 닳아서도 없앨 수 없는 여자의 몸 위에 걸쳐본다. 여자로 살고 죽는 고단한 상흔까지 덮어지지는 않는다. 몸속 가장 깊고 어두운 데서 달마다 새 생명 맞을 준비를 하다가 조용히 터를 허무는 자궁의 피로를 감쌀 수 있는 것도 아니다. 그러나 할머니의 귀걸이가 그러했듯, 나는 거울 속에서 여자 대신 반짝이는 것을 바라본다. 잠시 그 시간을 벌어주는 것이 저 주름지지 않고 퇴색하지 않으며 지치지 않는 천연한 물체가 하는 일이다.

밑이 빠질 듯한 배란통이 곧 시작될 것이다.

큰딸이 첫 생리를 했습니다. 여느 집에서는 아버지가 목걸이를 사준다, 파티를 열어준다 하며 흥겨운 분위기를 내는가 보지만, 나는 그저 생리통을 줄여주고 살 닿는 면이 덜 거북스럽다기에 면 생리대를 빨아 널었을 뿐입니다. 과연 이게 잔치까지 열 일인지 잘 모르겠습니다. 여자가 되고 어미가 되는 위대하고도 고단한 여정의 시작이 너무 안쓰럽게 여겨지네요. 그러나 분명 슬픈 일은 아니지요. 천만에요. 무척이나 신비롭고 영광스러운 일입니다. 나의 사랑하는 딸과 세상의 많은 소녀들에게 경이와 존중을 담은 진한 동지애를 보냅니다. 아름다운 소명을 건강하게 받아줘서 고맙다는 인사도요.

종이 인형 놀이는 선 따라 조심히 오리는 것부터 시작된다.
선이 유려한 드레스와 날렵한 또각구두, 챙 넓은 모자와
손톱만 한 분홍 향수병까지 조밀하고 험난한 건 언니 일이었다.
어느 날 내가 흰색 핸드백이라도 붙잡고 오려 보려다가
가방끈이 싹둑 잘려서는 종일 얼마나 슬프고 미안했던지.

푸른머리 소녀의 방 | 15x10cm, 옷지에 분채, 2020

칼

부엌 선반 위에 칼 두 자루가 있다. 물컵 엎어 두는 스테인리스 시렁 위에 무심히 놓아두었다. 칼꽂이가 있지만 홈에 맞춰 끼워 넣는 것도 일인지라 물 마를 새 없이 무시로 들락날락, 그 자리가 제자리 된 지 오래다.

　이것저것 다듬을 때는 씻어가며 쓰기도 바빠서 같은 걸로 한 자루 더 장만했다. 마트에서 몇 천 원에 파는 국산 브랜드다. 일본 여행 갔을 때 전통 있는 명가에서 만들었다는 칼을 두어 번 만지작거린 적은 있다. 그 전통 때문에 도로 내려놓았다. 전통의 세월 안에는 우리 선조들의 살과 뼈, 머리칼이 베어나가던 시절도 있을 것 같아서다.

　칼이 지나간 자리에는 반드시 자국이 남는다. 샐러드용으로 양상추를 다듬을 때 칼로 자르면 그 자리가 녹슨 듯이 갈변한다. 그렇다고 모든 식재료를 손으로 뜯어먹을 순 없으니까 또 칼을 든다. 두 자루나 두고 무시로 들락날락. 칼자국을 덜 남기려 노력하면서. 요령 같은 것은 없고 그저 매번 조심하면서.

  오늘은 가지를 자른다. 도마 위에 오른 것은 늘 첫날 댈 자리가 고민이다. 매끈하고 탱탱한 몸통 어디에도 이물의 진입을 맞이하는 곳은 없어 보인다. 꼭지에 납작하게 붙은 잎사귀를 억지로 들춰보니 미처 진한 색으로 변하지 못한 아킬레스건이 드러난다. 색깔의 경계에 날을 대고 손목에 힘을 준다. 말랑한 촉감이지만 껍질은 호락호락하지 않다. 입 안에서 야들야들 뭉개지는 속살의 수호자는 껍질뿐이리라. 해충으로부터, 모진 날씨로부터 자신을 보호해주는 보라색 껍질은 유럽 어느 유서 깊은 가문의 휘장 같다. 예우를 갖춰 단번에, 반듯하게 머리 부분을 잘라낸다. 그런 다음 최대한 어슷하고 넓적하게 자른다. 속살에 양념이 잘 배어야 하기도 하고 입안에 들어갔을 때 껍질이 위아래로 정대칭 되지 않도록 하기 위함이다. 때로 식감은 맛의 일부이자 전부이기도 하다.

고기를 썬다. 시시한 칼날과 시시한 근력으로는 쉽지 않은 일이다. 질근질근 끊어내는 꼴이다. 구워 먹으려고 사둔 건데 우리 집 막내 편도선이 부어서 후루룩 삼키기 좋으라고 국수 고명으로 다듬는다. 아이는 탈 없이 먹고 열 없이 잠들었다. 환절기마다 붓는 편도 때문에 절제 수술을 권한 의사도 있었지만 아직은 내 칼로 어찌어찌해 보련다. 칼은 흔적을 남기고 또 흔적을 남기지 않기도 한다. 한 번 잘려 나간 것은 도로 붙일 수 없으니.

"남편은 젊어서부터 밥을 집에서만 먹었어." 아주 오랜만에 외출했다는 노부인이 주로 이야기를 이어갔다. 맞은편 친구는 한숨을 쉬거나 혀를 차면서 맞장구를 쳤고, 때때로 그들 지인 중 누가 아프고 누가 죽고 누가 치매에 걸렸는지 알려주었다. 테이블에 놓인 사과주스와 마들렌에는 손도 대지 않았다.

저녁약속 가서도 술만 마시고 와서는 늦게 상을 차리게 했지. 평생 영감 입맛에 맞춰 음식을 했어. 텁텁한 찌개니 누린 고기며 벌건 양념으로 차린 밥이 나는 먹기 싫었어. 이 양반은 생선도 고등어만 먹었어. 그 비린 걸 굽고 조리고. 어휴, 나는 이제 고등어

쳐다도 안 봐.

그러던 양반이 이제 병이 나서 저러고 있네. 병원에서 먹으라는 것만 먹는데 차리기가 전보다는 쉬워. 준비해두면 자기가 시간 맞춰 챙겨 먹기도 하고 나만 나대로 해 먹으면 돼. 맑은국에 가자미를 굽고 과일도 깎아 먹곤 해. 이제 살이 좀 오르려고 하는데, 이제 좀 밖에서 이렇게 친구도 만나고 하려는데, 글쎄 모르겠어. 저 양반 아직도 저렇게 건강해서 요양병원 갈 정도도 아니고 평생 밥만 차리다가 내 인생도 끝나지 않을지. 나 혼자 있을 시간도 안 주고 끝까지 곁에 있다 갈까 봐 걱정이야.

고등어 토막과 함께 그녀 안의 무언가가 싹둑 잘려 나간 모양이었다. 마늘 꼭지 한 번 잘라 본 적 없을 남편의 손에도 아마 칼이 있었을 것이다. 쑥스러운 듯 마음 쏨 한 번, 헛기침 같은 인사 한 번이면 되었을 일에 번번이 날이 닿았을 것이다. 서로의 칼 닿은 자리마다 자국이 남았을 것이고 흉이 졌을 것이고, 세월이 흐르다 보니 본디 뭐가 있던 자리였는지도 모르게 되었을 것이다. 처음 꼭 맞던 자리에 그렇게 잘려 나간 공간이 생기면서 그 구멍으로 따스함이 고이지 못하고 훌훌 빠져나가 버린 게 아닌가, 나는 가게를 나서는 그들을 보며 생각했다.

 이어 신혼부부인 듯한 커플이 손을 잡고 들어왔다. 남편 키가 아내보다 반 뼘이나 클까 했지만 여자는 눈을 크게 올려 뜨고 남자와 시선을 맞추며 발뒤꿈치를 들었다 놓으며 애교를 부렸다. 꼭 맞는 톱니바늘처럼 한몸인 둘에게 물 벨 일로라도 칼 꺼내 쓸 일이 없다면 좋으련만.

 잘려져 나간 것은 결코 도로 붙지 않으니까, 그리고 흔적을 남기니까 그걸 무서워하고 조심한다면 괜찮을 것이다. 서로의 칼날이 좀 엉성한 편이 낫다. 너무 예리하고 차갑고 깐깐한 것보다는. 먹기 편하라고 쓰고, 이 악물지 않고 쓰고, 누군가에게 스며들어 더운 숨이 되는 것을 떠올리며 쓰고, 덜 써도 될 궁리에 정성을 들이며 칼을 쓴다면.

 칼로는 안되고 오로지 손으로 일일이 벗길 수밖에 없는 게 새우 껍질인데, 그걸 까서 누군가의 앞접시에 놓아주는 걸 사랑이라 부르는 데는 과연 일리가 있다.

소실점

아이가 저만치 뛰어가는 뒷모습은 언제 봐도 가슴 선득하다. 그 아스라한 소실점이란. 사라질 소消에 잃은 실失. 말만 들어도 무섭다.

흐드러진 꽃 무더기 속으로 아이가 달려간다. 제 키를 훌쩍 넘는 노란 장다리꽃밭으로 스며든다. 반투명해 보일 리만큼 가늘고 연한 아이의 머리칼이 사라져 보이지 않는다. 그 말간 얼굴도, 하는 줄 모른 채 흥얼대는 노래도 촘촘한 꽃대들이 다 머금었다. 황우치 해안에서 달려들고 산방산에서 내리꽂는 바람이 인기척이랄 것까지 다 날려버렸다. 이제 나오너라, 소리치면 들릴 법도 한 지척에서 나는 아이가 저기로 편제되고 흡수되고 증발되는 것을 본다. 입술 한 번 달

싹거리지 못했다. 아이가, 저 생명이란 것이 어디에서 왔고 어디로 가려는지 알겠으므로.

　기적이 손을 써야만 인연이 되는 먼 곳에서 너는 왔고, 내가 너의 까마득한 소실점이었고, 이제 나를 지나 너는 또 아득히 나아가겠구나. 꽃과 함께, 또는 꽃이 되어서. 바람결에 앙버티지 않고 원심력과 다투지 않고 너는 온종일 어치를 남김없이 논 뒤 순하게 잠들 듯 제 길로 흘러가겠구나. 어미 선 곳에서 자식의 끝이 보일 리 만무하겠지만 나는 안도한다. 저런 꽃밭에서라면, 저렇게 즐거워서라면, 저렇게 자연스러운 것이라면.

　손 맞잡고 부둥켜안는 것이 아이들뿐이다. 볼 맞대고 소리 내 웃는 것이 집에서뿐이다. 이토록 온종일 이토록 오랫동안. 함부로 만지지 못하는 세상에서 오감 다해 마주한 아이들이 새삼 더 귀하다. 사람이 사람을 안아주지도 못하는 세상. 팬데믹으로 인류 절멸이 도래하기도 전에 벌써 와버린 디스토피아의 시대에 나는 아이들이 있어 기쁘고 아이들 때문에 슬프다. 그 안쓰러움을 어쩌지 못해 2미터 아파트 층고 안에 갇혀 지내는 애들을 기어이 제주 바다 앞에 데려다 앉혔다.

하늘과 땅은 죄 없이 온화하였다. 바람이 달고 모래도 가지런했다. 사람이 없어지니 자연이 저토록 홀로 정갈하고 아리땁다. 거기에 퍼져 앉아 등허리를 다 내놓고 소꿉 밥을 지어먹는 아이들도 그렇다. 상전이 벽해하여도 거기 앉아 모래를 파길. 다음 뽕나무밭이 바다가 되는 걸 나는 보지 못할 테지만 너희는 네 아이들을 데려다 그 해변에 앉혀놓길 나는 기도했다. 성당 문이 닫힌 지금에도. 또는 지금이라서 더욱더.

졸업식이니 입학식은커녕 새 담임선생님 일면식도 못 한 애들이 안 됐다. 한 며칠 긴급보육으로 새 유치원에 다녀온 둘째는 죄다 마스크 차림인 친구 얼굴을 분간하지 못할 것이다. 좋은 날, 맑은 날 노래하는 입 모양을 서로 마주 보며 키득대는 날, 다시 인사 나누며 얼굴 익혀야 할지 모른다. 이런 비극이 너희 삶에 마지막이 아닐 것이므로 비통함을 감출 길 없다. 수억만 장의 일회용 마스크 쓰레기더미를 남기고 가서 더욱 무참하다.

그럼에도 너희와 함께 버티는 것이 기꺼우니 나는 염치도 없다. 다음 미래를 꿈꾸라고 주문까지 해서 미안하다. 묵묵히 세금을 내고 묵묵히 2미터 높이의 삶을 사랑하고 묵묵히 자원봉사에 나서라고 나는 너희에게 인계한다. 장다리꽃밭으로 스며들어 꽃 내음 보태라고 여기 선 나는 거기로 가는 너희를 불러 세우지 않는다. 이 고난을 소실점 너머에 버려두고 다시 멀리, 곧게 너희의 지평선을 그려주렴. 세상이 또 한 번 한시름 놓고 이어갈 수 있도록 할 일을 다 해주렴.

그렇게 천진하게 희망과 포옹하고 우리는 돌아왔다. 사실 희망의 그림자만 설풋 보았을 뿐이다. 그 키다리 아저씨가 어디쯤 왔는지, 어떤 표정을 하고 있는지는 알 수 없다. 우리 목소리가 닿지 않는 곳이고 내가 먼저 가서 감을 잡은 뒤 아이들에게 전할 수도 없다. 다만 죄 없는 아이들의 머리를 쓰다듬어주는 그림자의 손길을 느낀다. 백사장에 코를 박고 성실히 해작이다가도 그만 가자는 소리에 운동화 속 모래알 한 톨까지 탕탕 털어내고 돌아서는 아이들. 떨어진 나뭇가지를 주워 연못을 휘저을 때는 중요한 일이 오직 그 하나인 듯해도 돌아설 때는 다 내려놓고 안녕 또 보자 할 뿐인.

아이들은 무엇도 망치지 않고 덧대지 않는다. 자연이 하고자 하는 자연스러운 일의 순리를 안다. 그리하여 선대의 몫까지 반성하며 잘 어우러져 지낼 것이다.

역사란 좀 둘러가도 앞으로 간다고 배웠으니까. 아이들이 이렇게 앞으로 꽃밭 향해 걸어 나갈 테니까. 깨닫고 쉬고 다시 추스르는 여정의 한가운데라고 나는 믿는다. 이쯤 되면 낙천도 근성이려니.

그렇지 못해서 그렇다고 하는 말

그 사람이 쓰는 말이 그를 규정한다고 말할 수 있을까?

 생후 4개월 때부터 두 돌까지 우리 둘째를 함께 키운 베이비시터가 있다. 일주일에 세 번 '임모' 오는 소리에 아기는 쏜살같이 달려가 현관 중문을 연다. 이렇게 좋은 친구가 없다. 둘 중 어린 축이 아직 세 글자 말하기가 어려워 '주세요'는 '주세'로, '고마워'는 '고마'로 말하긴 해도, 그 우정만큼은 막힌 데 없이 통쾌하고 아름답다.

 시터가 퇴근해 아들과 저녁을 먹으려던 참이었단다. 열 살 아들이 아직 불판에 올라있는 고등어를 졸랐고, 그녀는 자기 어깨높이만큼이나 되는 녀석을 힐끗 돌아보며 '기다!'라고 말했다고 한다. 고등 교육을 받고 자녀 학습 지도까지 야무진 그녀가 그녀의 일, 그녀가 책임을 갖고 정성을 들이는 그 일로 인해 사전에도 없는 유아어를 구사하는 지경이 되었다. 그가 쓰는 말이 그를 드러내 보인 것이다.

그 사람이 쓰는 말이 그가 지향하는 바를 보여준다고도 말할 수 있을까? 물론 그렇다. 이것은 앞 문장과 완전히 반대되는 이야기다. 어떤 말이 어떤 상태를 드러내기도 하지만, 현재의 상태는 전혀 그렇지 않다는 걸 고백하는 말이기도 하다는 뜻이다. 누군가 고독하다 말할 때 기실 그렇다는 말인지, 그렇게 되도록 놔두지 않겠다는 뜻인지, 그래서 좀 도와 달라는 얘긴지 우리는 유심히 파악할 필요가 있다.

그런 점에서 대화라는 걸 시작하던 만 2세 때의 아이를 떠올려본다. 엄마인 내가 가장 자주했던 말은 단연코 '맘마, 응가, 옳지'일 것이다. 마음의 소리까지 다 포함하면 '안돼, 위험해, 빨리'겠지만, 그 소리가 세상에 태어나 나를 규정하는 말로 활개 치고 다니는 꼴을 두고 볼 수 없어 참고 참은 결과다. 덕분인지 아이가 가장 많이 썼던 말은 '오치'와 '머찌아'이다. 앞서 말했듯 세 글자 발음하기가 난감인 가운데 디귿 초성쯤은 조금 떼먹긴 했어도 그 눈빛과 달뜬 음성만큼은 완벽하게 "우와, 멋지아!" 하는 것이다.

자존감과 회복 탄력성이 높고, 행불행의 시금석이 오로지 자신에게 있으며, 몹시 우호적이고 제한된 관계 안에서 지내는 아이의 경우 실존하는 바와 지향하는 바가 상충하지 않는다. 자신을 잘 알고 사랑하는 자의 담백함이랄까. 눈치 보며 계산할 필요 없고, 쓸데없이 말부터 앞설 필요 없는 정연함이랄까.

내가 글에서 가장 자주 썼던 표현은 '가지런하다'인 것 같다. 멋지다, 옳다, 바람직하다는 말로 뻔뻔함을 무릅쓸 수 없기에 슬그머니 이 단어 뒤로 숨곤 했다. 더 이상은 나도 모르겠다는 듯 어깨를 옴찍거리며 미적지근하게 웃어 보이면 대개 큰 싸움 없이 맺음 문장으로 건너갈 수 있었다. 옳다, 뒤에는 그르다가 있고, 바람직하다, 뒤에는 바람직하지 못하다가 있어서 시비가 일고 옹심이 들고 허무가 밀려오기도 한다. 어느 열성 독자와 말다툼이라도 했다는 게 아니라 나 스스로 주저하게 되더란 것이다.

이보다 더 합당할 순 없다는 듯 쾅쾅 글자를 새겨 넣었다가 세 번 읽고 네 번 읽으면서 살살 그 부분을 도려내기 일쑤

였다. 목과 어깨를 잔뜩 움츠린 채 바닥에 코를 박다시피 하고는 자그만 끌 같은 걸로 한때 의기양양했던 단어들을 긁어내는 모습이라니. 마치 대학가 주점 벽지에 '철수와 영희, 우리 사랑 영원하자'던 낙서가 다음 계절에 와보니 이름 부분에 황칠이 돼 있는 것만큼이나 겸연쩍다.

게다가 퇴고가 마무리되는 시간은 대개 자정을 넘겼을 때다. 일찍 잠든 아이들과 막 자러 들어간 남편으로 인해 고요와 적막이 갑절로 걸쭉한 때. 달 위를 걷는 우주인처럼 움직임마다 묵직하고도 예리한 긴장을 매달고 마지막으로 한 번 더, 진짜 마지막으로 이것만 더 살피는 그런 시간 말이다.

식탁 위에 노트북을 펼쳐 놓고 재촉하듯 깜빡이는 커서에서 잠시 눈을 떼 본다. 찬 바람 들치는 곳 없이, 주리거나 더부룩하지 않고, 지겹지도 낯설지도 않게 딱 편안한 풍경들. 반질거리는 나무 바닥에 적당히 어질러진 장난감조차 제자리를 찾아 누운 듯 자연스럽다. 이 평화가 안달나게 좋아서 나는 내 삶의 궁극적인 지향점을 가지런함으로 상정하고 만다. 뭘갈 두루뭉술 에두르려 한다거나 어린양을 떤다거나 고상하게 들릴 법한 말을 궁리해서가 아니다. 말 그대로 지금은 그렇지 못하니까, 가끔씩 찰나로 맛보는 그 경지가 몹시 감질나서, 마치 집안 곳곳 금연하겠다는 각서를 써 붙인 골초마냥 그 말을 수시로 적어보는 것이다.

내 말과 글이 지향하는 대로 내 업과 삶이 실존한다면 글 같은 건 더 이상 쓰지 않아도 되리라. 알맞게 먹고 정갈히 씻어 엎어 둔 밥그릇이 그날의 일기를 능히 대신하고, 삼가한 행동과 반성들이 고해기도를 무용하게 만들 것이다. 진정한 마음이 있는 그대로 드러나니 편지는 거추장스러울 뿐이고, 하트나 웃는 얼굴 같은 이모티콘을 덕지덕지 붙인 문자메시지도 필요 없을 것이다.

하지만 지금은 써야 한다. 한참 써야 한다. 아직도 종종 선채로 저녁을 해치우는, 폴짝폴짝 뛰기도, 앓는 소리 하며 드러눕기도 잘하는, 근심과 기대가 들쭉날쭉 꿈길을 어지럽히는, 제 가슴을 퍽퍽 소리 나게 두들겼다가 또 고만고만한 일로 감격하여 목이메는 나는, 글이라도 많이 써서 내 지향하는 바를 약속어음처럼 남겨야 한다. 글에 부끄럽지 않은 실존이 되고자, 글이 인도하는 지향을 얻고자 내 눈 닿는 곳, 남의 눈 닿는 곳에까지 써 붙여 둬야 한다.

우리 스승님의 글에는 언제나 겸허함이 켜켜이 들어차 있다. 성정이 그러하신즉 작품의 소재와 주제가 다양한 것과는 관계없는 것이다. 나도 또 한 번, 나를 별수 없이 홀딱 드러내 보인 글 한 편을 마무리 짓는다. 이 글이 나를 더 나은 곳으로 데려다줄 징검돌 하나가 돼 주기를 바라면서.

어리석은 나 | 42x30cm, 옻지에 분채, 2020

언제부턴가 작고 동그란 의자에 앉아 있는 기분이 든다.

손에 든 것들은 꼭 쥐면 쥘수록 자꾸만 무겁고 버거워진다.

그래도 놓지 못하는 건 용기 때문인지 겁 때문인지 잘 모르겠다.

불안한 자세를 고쳐앉아 하던 일들을 계속하려 한다.

또렷한 위로

무형의 고통과 씨름할 때. 아직 닥치지 않은 비극과 두려움을 먹고 크는 불안에 잠식당할 때. 어차피 손쓸 수 없는 시련과 질 것이 뻔한 싸움에 끌려다닐 때 나는 절박하게 구체를 끌어안는다. 최대한 현실적이며 최대한 오감으로만 실존을 증명하는 것. 아무리 하찮고 소박하더라도 이보다 더 생생할 수 없는 질감을 가진 것. 온몸의 세포가 그 자극을 감지하고 게걸스레 음미하느라 끌려다닐 동안에는 형상도 냄새도 없는 추상의 손아귀에서 벗어날 수 있을 테니까.
 그렇게 나는 잠든 아이를 끌어안았다. 아이의 가느다란 머리칼이 코끝을 간질여 재채기가 나려는 걸 참으면서. 고소한 잣죽 냄새가 나는 아이 볼을 입술로 훑으면서. 갸르릉

거리는 숨소리가 내 목울대를 미세하게 흔드는 걸 느끼면서 나는 한참 동안 서품을 받는 신부처럼 납작하게 엎디어 아이를 안았다. 수필공부방 할머니의 장례미사에 다녀온 길이었다.

뒷좌석에 할머니를 태우고 별것 아닌 일에도 도란도란하던 하굣길. 무릎 수술 뒤 지팡이 신세를 탈출한 할머니를 감탄하고, 다음 주에도 글 한 편 써오시길 격려하고, 남편 얘기 밥 얘기 성당 얘기 꼬리를 잇다 보면 금세 도착이곤 했다. 와글거리는 벚꽃길 지나 목련 무더기 휘영청한, 우리 큰애 졸업한 유치원을 끼고 들어가면 나오던 그 집 앞. 이제는 어떤 룸미러로도 할머니 모습을 좇을 수 없어졌다.

미사는 어두울 때 시작해서 마칠 쯤엔 해가 떠 있었다. 산뜻한 겨울 아침이었다. 햇살빛 한복 차림의 영정사진이 장의차에 올랐다. 문득 허기가 들었고 아직 자고 있을 아이들 생각이 났다. 따뜻한 베이글을 사 들고 집으로 돌아온다. 진득한 치즈 냄새, 날렵한 커피 냄새를 식탁 위에 놔두고 나는 허겁지겁 또렷한 실존부터 찾았다.

새로울 것 없는 오늘에 한결같아서 축복인 너희가 단잠에 빠져 있다. 나는 어제의 행운에 오늘을 보탤 수 있다. 살아있으니 어제의 행복도, 또는 어제의 불운일지언정 쌓아갈 수 있고 다듬을 수 있다. 완전히 껐다 다시 켜거나 깨끗이 지웠다가 처음부터 시작하지 못한다 인생은. 그저 너무 망치지 않게, 들떠서 그르치지 않게 찬찬히 아끼고 살펴야 하는 게 우리의 흔들리는 삶이다. 나는 살아남아 여기 있으므로 이 조심을 잊지 않아야 하고, 아이를 안으니 그 다짐이 더없이 공고해진다.

마리데레사. 나의 알타리할머니. 그 알타리 김치 동나도록 겨울나무는 부지런히 말라갔고 새순은 또 기어코 머리를 내밀었다. 김치통 씻는 소리처럼, 그래도 오롯이 배인 냄새처럼 삶은 이토록 구체로 쓰여지고 구체에 발 묶여 꼼짝 못 하는데, 할머니의 구체는 관에 담겨 떠나 버렸고 남은 이의 그리움은 스스로 글이 되지 못한다.

예전 동인지를 펼쳐 할머니 이름을 손끝으로 더듬는다. 귀 대본다고 소리 날 리 만무해도 고요히 공기까지 가라앉혀 본다. '한 무리의 젊은이들'로 시작하는 할머니 작품을 펼쳐 읽는다. 전후 비참했던 지역사회에서 예수 닮은 자로 살았던 알로이시오 신부님을 기리는 내용이다. 그분 다시 만날 날 드리겠다는 말씀을 글 말미에 적어놓았다. 할머니 달

뜬 목소리로 읽힌다.

　추상과 구체 사이, 관념과 실존 사이에 이렇게 글이 있구나. 죽고도 증발하지 않은 글. 온기 한 점 머금지 못한 종이 위 활자지만 그 납작한 구체 안에 만질 수는 없어도 할머니가 온전하다. 구체의 상실이 망연하여 추상의 기호를 손끝으로 짚어가며 읽는 나는 장례미사 다녀오던 그 겨울 때와 반대 짓을 하고 있다. 추상의 슬픔에 잡아 먹히지 않으려 구체의 몸뚱이를 붙들고 껴안던 그 아침과. 이것도 저것도 견디며 살자면 있는 대로 동원되어야 하는 모양이다.

　가신 분의 뒤에 남아 버릴 수도, 쓰다듬을 수도 없는 마음을 어루만지고 있으니 책장에 꽂힌 저것들이 나에게는 그 아침의 포옹과도 같다. 글에서 배어 나온 할머니의 음성이, 그 감성과 의지가 또렷이 내 앞에서 되살아난다. 문장과 문장 사이의 미색 종이 여백이 반듯하던 할머니 이마 같다. 이렇게 마주 앉아 할머니를 떠올리고 추억한다. 무엇이든 막연한 것보다는 또렷한 편이 견디기 낫다.

　덧붙이건대, 이토록 자신을 담아내는 글이 있다는 게 나에게도 그대에게도 얼마나 고마운 일인지.

어느 독립영화 | 40x60cm, 한지에 분채, 2013

옥상에서 공들여 키우던 블루베리 화분이 사라졌다.

여름내 지하에서 물 길어 나르던 애착까지 도둑맞았다.

머릿속을 뽀송히 말려주던 옥상 바람도 맥이 풀려 흐릿하다.

관두는 일에도 다시 시작하는 일에도 슬픔과 두려움이 따를 것이다.

나는 다시 일어서는 편을 택한다.

잘 지내니

오랜만이네. 잘 지내니?

원고를 마감하느라 두어 달 바빴고, 송고해놓곤 두어 주 또 헤맸지.

헤매? 왜? 방방 뛰고 놀며 마시기라도 했어?

하하. 숙취 때문은 아니고, 쉬기는 했지. 나 아무도 건드리지 마. 나 엄청 아무것도 안 할 거야. 그런 맘 들거든 끝내놓고 나면. 근데 것보다는 좀 허무해서.

더 잘 써 보낼걸, 하는 겸손 아니야. 나 진짜 열심히 했거든. 그거보다 잘 쓴단 보장 없어. 알잖아. 시험 날짜 연기해준다고 해서 이보다 공부 더 많이 할 자신 없는 거. 내가 할 수 있는 한도 내에선 이게 최선이야. 내가 알아. 내가 얼마나 단어 하나 토시 하나 적확한 거 찾느라 골머리 썩었는지. 첫 문단, 끝 문단을 얼마나 많이 고쳤게. 달달 외우다가도 또 완전히 달라져서 최종이 뭐였는지 기억도 안 난다야.

단순한 사건 묘사 부분은 왜 또 그렇게 어려운지. 시간 순서, 감정 점층, 설명과 감상의 배분, 펼쳤다가 숨겼다가 확 까발렸다가, 그 모든 걸 감안하고도 분량 조절이란 게 또 있잖아. 이게 전체 흐름에 꼭 필요하긴 해도 막 집중해서 늘어놓을 서사는 아니라고. 그랬으면 처음부터 거기 맞춰서 이야기를 잡았겠지. 여튼 그 부분 쓰는데 몇 날 며칠이 걸렸어. 결말까지 다 써놓곤 그 짓을 했다니까. 혼자 폴짝폴짝 뛰었다 아주.

아니 진짜 뛰었다고! 큰 소리로 노래를 지어 불렀다가 마룻바닥을 빡빡 닦았다가 앞 구르기 뒤 구르기를 다해봤어 내가. 그 난리를 쳐도 성과는 내지 못하고 결국 시계 알람소리에 내쫓겨 싱크대 앞으로 돌아와. 큰애 밥 먹여 학원 보내고, 어린 둘째 놀아주고 씻기고 재우는 일과는 너무나 촘촘해서 좋은 문장을 길어 올리는 아름다운 소명 같은 건 끼어들 틈이 없더라. 그러곤 다시 처음부터 열을 끓여 올려 잠시 멈췄던 법석을 이어부리는 일은 사실 생각만으로 허무하고 지치는 일이지. 나로선 이게 최선이야. 이것보다 더 잘 쓰면 좋았을 걸, 자괴한다면 그건 교만이지 교만.

 내가 헤맨 건 이 때문이야. 이게 내가 할 수 있는 전부라는 거. 나는 앞으로도 별수 없이 머리칼을 뜯어야 하고 대환장 파티를 치러야 한다는 거. 이게 뭐 하는 짓인가. 그럼에도 이걸 나의 달란트라 부르며 매달려야 하나. 그게 아니라면 나한테는 뭐가 있나. 그런 허무. 그런 숙취.

> 쯧쯧. 그랬구나. 위로가 될진 모르겠다만 메리 울스턴크래프트라는 작가도 그런 말을 했더라. 시간이 좀 더 있었다면 더 나은 책을 쓸 수 있었겠지만 상업적인 용도로 글을 쓰는 작가로서는 다른 선택의 여지가 없었노라고. 부랴부랴 마감일 맞추다가 오탈자 내는 얘기가 아니겠지. 사회적 매체에 노출되는 글의 운명이고 보면 모든 글은 내 마음에 들기보다 미디어 마음, 편집자 마음, 독자 마음에 드는 게 우선이고 고료와 명성에 실존을 저당 잡혀야 하는, 즉 '읽히는' 작가가 짊어져야 할 모래주머니 얘기 아니겠니. 그 모든 걸 다 떼버리고 훌훌 날아가려 해도 어차피 우리는 제한된 시공간이라는 중력에 끌려 이상향으로의 비행은 못

하는 거야. 네가 물리적 시공간의 제약 없이, 엄마나 아내, 딸이라는 공동체적 직무 없이 완벽한 개연성과 미문으로 가득한 범접 못 할 수작을 내놓는다고 치자. 그런 가정도 어렵거니와 그러고서야 네 글에 무슨 힘이 있겠니. 주파수가 맞지 않아 그 누구와도 교신하지 못한 채 허공에 흩어지고 말 거야. 들고 다니기 부담스러운 명품백처럼 사람들이 털썩 곁에 다가와 앉지도 못할 테지.

난 네가 땅에 서서 실수와 실패, 허술과 무모의 앞 구르기로 뽑아낸 문장이 훨씬 힘있는 것 같아. 만져지고 씹히고 걸터앉기 좋고 어딘가 괼 수 있는 글 말이야. 삐뚜름하게 기운 일상에 끼워 넣을 수 있는, 역시나 삐뚜름하고 투박한 굄돌처럼 말이지.

그래. 모든 작가가 헤맨다는 건 알겠다. 모든 작가가 때로는 몰라주는 세상에 주먹감자를 먹이면서 통탄하기도 할 테고, 더 자주는 그 감자를 셀프로 먹고 있겠지. 뭐야. 그렇게 생각하면 더 우울해야 하는 거 아닌가? 하긴. 우리 애 키울 때 생각난다. 젖 먹이고 기저귀 갈던 때 말이야. 엄마들 모여서 얘기 나누다 보면 내 아이가 특별히 애먹이는 것도 아니고, 내가 특별히 무능해서 이 사단을 겪는 게 아니란 걸 알게 되잖아. 그렇다고 피로와 상실이 덜어지는 게 아닌데도 어째 힘이 나더란 말이지. 이렇게 구조적이고 근본적으로 고단하고 복잡한 일을, 미련 맞게도 그러나 위대하게도 내가, 우리가 해내고 있구나 하는 생각도 들고 말이야.

 그런 말들 했잖니. 만약 남자들이 모여 앉아 이런 얘길 나눴다면, 아니 그러니까 꼭 남자 여자 아니더라도 왜 문제 해결, 대안 창출이 먼저인 사람들 있잖아. 우리도 어릴 때 그랬고. 그런 성향들이 이런 불가해, 불가결한 일의 실체를 알게 된다면 아무렇지 않게들 그래 오늘 저녁은 또 뭐 해 먹나, 하며 가벼워진 걸음으로 칼국수집을 나서진 못할 거라고. 아마 단체로 청와대로 향하건, 한강 다리로 향하건 할 테지. 또는 연구실과 실험실로 떠나겠지. 인류가 극복 못 할 비이성의 영역은 없노라며 말이야. 나 역시도 지금 이 실험의 결과를 내보려고 머리를 쥐어뜯고 있는지도 모르겠다.

 그래. 그래도 나는 하련다. 공식 같은 게 없다는 걸 알면서도 노련해질 방법이 없는지 또 쓰고 또 헤매련다. 이거 안 한다고 누가 독촉하는 것도 아닌데 또 앉아서 골머리 앓으련다. 당장 나부터가 네가 말한 이 굄돌 없이는 낭만도 자성도 없이 기우뚱 기울고 말 것이거니와 삐뚜름 기운 줄도 모르고 속 편히 살게 될 텐데 그 꼴은 못 보겠다. 내가 이래도 두 딸 엄마야. 내 속에 씨앗부터 심어서 사람으로 키운 장본인. 그 사람을 믿을만한 동지, 속 깊은 동료, 배곯는 것만큼 양심 곯는 거 겁내는 인류로 키우려는 엄마라는 위인이란 말이지. 그 자긍심에 나는 이거라도 하련다. 이 자그만 달란트도 복이요 사명이란 말인가, 투덜댈 시간에 한 줄이라도 더 쓰련다. 아니 실컷 투덜거리고 또 쓰련다.

  그래. 나는 아주 잘 지내고 있어.

[스승님을 그리며]

매 맞는 시인

 제대하고 나서 어떤 일을 할 거냐 묻는 군대 선임에게 시인이 되고 싶다고 했다가 얼차려를 받았다더군요. 그런 시대였답니다. 그런 야만의 시대에도 청년은 참말로 시인이 되었고 시를 쓰고 수필을 쓰며 할아버지가 되었습니다.
 제가 처음 선생님을 만났을 때부터 그는 할아버지였습니다. 결혼 전에 입던 미니스커트 차림으로 수필 교실을 찾았을 때도, 아이 낳아 기르느라 몇 년간 소식 한 줄 전하지 못할 때도, 우리 막둥이 산달 앞두고 덜렁 등단만 한 채 기약 없이 떠날 때도 선생님은 늘 할아버지였고 늘 교단에서 기다리고 계셨습니다.

이미 할아버지라 더 늙을 데가 없어 변함이 없으시려니 했고, 아직 운문을 깨치지 못한 저 같은 제자가 있으니까 마저 가르치셔야 하겠거니 했습니다. 제가 문장의 속살에 닿지 못해 고민하고 있으면 언제나처럼 가만히 연필을 들어 밑줄도 그어주시고 가위표도 해주시고 별도 그려 주실 줄 알았던 거죠.

그래서 저는 선생님이 늙는 것을 보지 못한 사람입니다. 병이 나거나 기력이 쇠하시는 건 봤지만 청년이 장년이 되고 노인으로 변하는 것은 보지 못했습니다. 처음부터 끝까지 저에게 그분은 아이처럼 호기심 많고 청춘처럼 열의 가득히 스스로를 다그치고 애써 노련해지지 않는 처세술로 세상을 천진난만하게 헤쳐나가는 할아버지 선생님이었습니다. 늙지 않고 낡지 않고 겁먹지 않는, 작고 단단한 할아버지셨죠.

그런 제게 그다음 단계란 도무지 받아들이기가 난감합니다. 선생님이 그래 오신 것처럼 이번에는 제가 선생님을 기다려야 한다는 게 좀체 이상하고 서운합니다. 그것도 기약 없는 기다림, 끝없는 기다림이어야 한다니 이 일을 어쩌면 좋을지요.

한편으로 저는 선생님이 할아버지가 아니어도 되는 세상으로 가신 것을 기쁘게 여겨야 할지도 모르겠습니다. 매를 맞아도 좋은 청년으로, 나라를 잃어도 꿈 많은 소년으로, 글을 몰라도 즐거운 아이로 다시 살 수 있게 된 것을 말입니다. 처음부터 그분이 제 선생님이었던 건 아니니까 이제 할아버지 호칭을 벗고, 할아버지 양복저고리와 할아버지 구두를 벗고, 구부정한 어깨를 펴고, 이마 주름을 매끈히 펼치고선 소년으로 청년으로 자유롭게 달뜨고 실수하며 벅차게 사시기를 기원해야 할 겁니다.

저의 영원한 할아버지 선생님을 보내 드려야 하는 것이겠지요.

오늘까지만 분통하고 말랍니다. 오늘까지만 서럽고 말겠습니다. 내일부터는 우리 막내와 흙장난치고 놀 만한 아이가 된 선생님을 귀애하겠습니다. 시집을 가슴에 품은 볼 발그레한 소년을 기특해하겠습니다. 시인이 되겠다 하여 매를 맞는 청년을 사랑하겠습니다. 고통도 노화도 없는 그곳에서, 허기도 남세스러움도 없는 그곳에서 누구의 스승으로도, 누구의 할아버지로도 살지 말고 그저 유쾌하고 싱그럽게 거침없이 활보하시기를 응원하렵니다.

안녕히 가십시오 선생님. 감사했습니다. 영특한 꼬맹이가 되어 제 제자로 다시 오신다면 제가 이 은혜를 다 갚을 수 있을까요. 아니요. 그러지 마십시오. 시 같은 건 쓰지 말고 매도 맞지 말고 차라리 시 자체가 되십시오. 세상에서 제일 간결하고 영롱한 시어가 되셔서 저희 마음에 영원토록 깃들어 주셔요.

참. 지금도 그러고 계시네요 유병근 선생님.

[에필로그]

밥풀

 궁극의 튜닝은 순정이라던가요. 양념 범벅을 덜어내고 재료 본연의 맛을 살리는 게 좋은 음식의 기준이 되기도 하지요. 완벽한 플롯의 드라마도 아니고, 그저 제집 부엌에서 누룽지 한술 뜨는 장면이 최고의 TV 시청률을 기록하기도 합니다. 삶의 피로도가 만만찮은 요즘이라 두터운 화장과 옥죄는 코르셋이라면 남이 한 것도 답답해 보여 마다하는 건지도 모르겠습니다. 민낯의 이야기에 귀 기울이는 지금. 바야흐로 수필의 전성시대가 가까운 것일까요.

 개인적이고 진실된 고백만으로 사람들 마음에 파고들 양이면 충격실화가 많을수록 그만일 겁니다. 일전에 나는 '남편의 차'라는 글을 쓰면서 '남편의 첩'에 대한 이야기라면 훨씬 더 잘 써졌을 거라는 생각을 한 바 있습니다. 저 쓸데없이 솔직하고 철딱서니 없는 문구 때문에 쓰던 글은 미완의 폴더 안에 유폐되고 말았지요. 드라마틱한 소재가 긴장감과 주목도를 높일 수는 있지만 찬밥 삶아 먹는 이야기에도 속 든든하고 미향 가득한 문학적 감상을 줄 수 있어야만 수필이 제자리를 찾는 것이라 할 테니까요.

그럼에도 겁 없이 수필집 한 권을 세상에 내겠다고 여러 날 기약 없이 바빴습니다. 작업 시간을 벌어 보겠노라 둘째 아이 유치원에 방과 후 특강을 신청해서 하원 시간을 늦췄지요. 한글도 모르는 까막눈이 뜻 모를 영어 노래를 따라 부르고 평소보다 한 시간 십 분이나 늦게 집에 온 날. 배고파 하는 아이에게 이른 저녁밥을 차려주고 가방에 든 식판을 꺼내 닦는데, 점심 먹고 남은 밥풀이 딱딱하게 말라붙어 있는 겁니다. 내가 퇴고에 매달리던 그 시간만큼 밥풀이 굳은 거지요. 도시락통 아이의 밥이 말라 비틀어져 가며, 설거지하는 손에 그 단단한 게 닿는 걸 번번이 느끼며, 여섯 살배기한테 카레라이스를 허겁지겁 퍼먹게 하며 나는 이렇게 글을 쓰고 책을 냅니다. 밥이 되지 않는 이걸, 밥을 짓는 마음으로 말입니다.

  집에서 혼자 온라인 수업을 챙겨 듣고 점심을 데워 먹는 큰애에게도, 냉동 밀키트로 저녁 차리는 걸 돕는 남편에게도 무안함을 전합니다. 무안함을 고마움으로 바꿔 전하는 그날까지 밥 짓는 일도, 글 쓰는 일도 게을리하지 않을 겁니다. 수필이 밥이 되고 차 한 모금이 되고 사람 향한 가만한 손길이 되는 그날까지요.

  밥풀때기라도 수없이 모이고 끈덕지게 쌓이면 밥 한술은 되지 않을까 끝내 믿고 있습니다.

[작가를 만나다]

감각이라는 새로운 창

이 운 경 문학평론가

1. 칸나꽃 같은 여자

최아란을 떠올리면 칸나가 연상된다. 진초록의 넓은 잎과 진홍색의 꽃은 남미의 삼바춤 혹은 혁명의 이미지로 다가온다. 뜨거운 태양 아래 붉디붉은 꽃잎을 허공으로 밀어 올리는 칸나꽃을 닮은 젊은 작가 최아란. 제 안에 품고 있는 뜨거운 것들을 문장으로 토해내는 사람이다. 열정적이고 도발적이다. 처음 그녀의 글을 읽었을 때 눈이 번쩍 뜨였다. 오래

된 고택 정원에 핀 화사한 칸나꽃을 보는 듯했다. 도발적이지만 참신했다. 다른 층위의 감각으로 쓴 그녀의 글은 낯선 풍경처럼 다가왔다.《수필미학》에서 신예 작가 특집란을 시작할 때 주저 않고 최아란을 선택했다. 겨우내 묵은 나물만 먹다가 초봄에 달래와 냉이를 데쳐 초고추장에 무쳐 먹는 맛이었다.

  늘 사람들로 붐비던 역 대합실은 한산하였다. 모딜리아니의 '목이 긴 여인' 같은 모습으로 나타난 최아란과 나는 단박에 서로를 알아보았다. 수필에서 받은 느낌과 사람이 어긋나지 않았다. 유쾌하고 발랄하고 상큼하다. 시나 소설이 아닌 수필을 선택한 이유를 알겠다. 다소 높은 톤의 논리적 말투와 단정한 차림새, 예의바른 모범생 같은 태도로 보아 수필이 잘 어울린다. 그러면서도 자기 생각이 분명한 사람이다. 그녀와 나는 나이 차가 꽤 나지만 대화가 이어졌다. 주제는 수필, 여성주의와 여성의 삶, 글쓰기, 요즘 읽은 책 등 종횡무진 이야기를 나누었다. 대화가 되고 소통이 된다는 것은 삶의 지향과 세계관이 비슷하다는 것이니, 오랜만에 동지를 만난 듯 반가웠다.

  한 인간을 이해하는 길은 여러 갈래이다. 우선 작품에 그려진 가족관계가 궁금했다. 두 딸의 엄마이고 아내이며, 부모님의 맏딸이고 언니란다. 큰딸은 엄마가 쓴 글을 읽고 이야기를 나눌 정도로 성장했다. 그녀의 남편은 글 쓰는 아내를 지지하고 자랑스러워한다. 그런데 그녀가 쓴 수필은 안 읽는단다. 사업에 바쁜 까닭도 있지만 아내의 고유한 세계를 지켜주려는 나름의 배려가 아닐까. 책을 내야겠다고 마음을 먹은 이유는 일흔다섯의 친정아버지께 딸의 이름으로 된 책을 안겨드리고 싶어서라고 한다. 대체로 첫 작품집의 풍경은 가족사진의 재현이다. 가족은 자아의 본향本鄉이자 근원根源이니까. 다행스럽게도 최아란은 자아의 안과 밖을 역동적으로 드나들면서 균형적 상호관계를 추구한다. 자아의 밀실에만 갇혀있지 않으려는 건강함이 엿보인다.

 최아란은 수필계에서 귀한 사십 대이다. 나이는 젊지만 수필에 대한 자의식도 뚜렷하고, 글쓰기에 대한 생각도 원대하다. 그녀는 초등학교 교사였던 어머니의 맏딸로 태어났다. 일하는 여성이었던 어머니는 소설책을 즐겨 읽었고, 그 영향으로 학생 때 백일장에 나가 몇 번 상을 받았다. 대학시절에는 신춘문예를 목표로 소설 습작을 부지런히 했으나 소설가라는 이름을 달지는 못했다. 졸업 후 광고회사에서 일하면서도, 결혼 후 아이를 가졌을 때도 책을 손에서 놓지 않았다. 장르를 가리지 않고 책을 빌려 노트 필기를 해가면서 읽었다. 도서관은 작가를 꿈꾸는 그녀에게 최상의 학교였다. 문장 감각을 잃어버릴까 봐 사전을 옆에 두고 글쓰기를 쉬지 않았다. 책과 글쓰기는 자아와 세계가 만나는 광장이었으며, 협업체로서 한 존재를 구축한 토대였다. 이런 시간들을 거쳐 오면서 글쓰기는 그녀에게 운명으로 다가온 셈이다.

첫 임신을 계획하면서 장편소설 습작은 어렵겠다고 생각했다. 그래도 글쓰기는 계속하고 싶었다. 2008년 부산 현대백화점 문화센터 수필교실을 찾아가서 작년 봄 고인이 되신 유병근 선생님의 강의를 들었다. 수필에도 농밀한 '은유'와 '메타포'를 갖춰야 한다는 말에 매료되었다. 2009년 첫 아이 출산 전날까지 수업을 듣고 글을 썼다. 그때까지만 해도 수필은 글쓰기의 감각을 유지하기 위한 과정이라 생각했다. 2016년 수필잡지 《에세이문학》에서 추천 완료하며 수필가로 등단했다. 둘째 아이를 출산한 직후라 시상식에도 못 갔다. 등단을 하면서 수필에 대한 관심도 깊어지고 수필가로서 자의식도 가지게 되었다. '드레문학회'와 '에세이부산' 회원으로 활동하며 꾸준히 수필작품을 발표했다. 합평회 때 선배들로부터 우려 섞인 충고를 많이 들었다. 수필에서 금기어인 여성의 몸을 지칭하는 용어를 썼기 때문이다. 수용할 수 없었다. 작가 자신이 딸로 태어났고, 엄마가 되어 두 딸을 낳아 기르는데, 여성의 몸을 이야기하는 것이 왜 문제인가 말이다. 그녀의 도전적 작품은 눈 밝은 이들에게 인정의 도장을 받는다.

그녀의 도전은 조금씩 자신의 영토를 확장하고 있다. 문학은 인간의 감각과 생각을 확장하는 데 유용한 방법이다. 문제는 수필이란 장르가 아니다. 각질처럼 굳은 사고체계와 표현의 점잖음을 주장하는 수필가들이 더 큰 장벽이다. 낡고 고루한 금기의 선을 깨트린 최아란의 등장은 그래서 반갑다. 그녀의 수필은 고유한 여성의 세계를 품고 있다. 여성의 몸조차 관념으로 환원해야만 안심하는 높은 대문을 활짝 열어젖힌다. 여성의 세계를 재현하되, 이전과는 다른 방식으로 재현한다. 여성주의 수필이라는 깃발을 들고 외롭게 발돋움하는 그녀에게 위로와 응원의 말을 해주고 싶었다.

최아란은 자신의 글쓰기에 대하여 이렇게 말한다. "작고 여린 것을 살피기 위해 몸을 옹그릴 수 있는 그 누구에게라도 바치는 저의 고백이자 간증, 격문이자 수작"이라고. 나아가 "유한한 지구환경을 소모하며 역사 속 행렬의 일부로 살아가면서 이 글들을 징검돌로 내려놓습니다. 세상에 흔해빠진 상실과 불의에도 끈덕지게 슬퍼하고 위로하는 내 앞 뒤 옆의 누군가와 함께 좋은 사람이 되고 싶은 길로"(〈언택트 시대의 길고 깊은 콘택트〉,《수필미학》31호, 2021.3) 나아가겠다고 선언한다. 이 젊은 작가의 내면에 자리한 글쓰기의 꿈이 광활하다. 내 안의 욕망과 시대에 대한 격문, 역사로 이어지는 선언이 반갑고 기특하다. 아직도 소설이나 동화 등 픽션의 세계를 구축해보고 싶은 욕심은 남아 있다고 한다. 최아란의 이 원대한 꿈을 지지하고 응원할 것이다. 실패해도 괜찮다. 진정한 문학은 성공의 자리가 아니라 실패한 자의 눈물에서 피어나니까. 그녀의 가슴에 품은 작고 여린 것들을 향한 휴머니즘이 문학으로 꽃피울 그날을 기다린다.

수필가로 등단한 후 해가 갈수록 기존 수필에 대한 한계와 고민이 더해졌다. 자신만의 글쓰기에 대한 탐구가 시작되었다. 부산 송정 바닷가에 있는 최아란 집필실의 당호가 '필이당筆以堂'이다. '씀직한 것을 쓰다'라는 의미의 필이당은 그녀가 지향하는 글쓰기의 목적지라 해도 무방하겠다.

최아란은 두 아이의 엄마로 살면서 공익적 가치와 실천에 관심이 많다. '지속 가능한 미래'를 위한 '모성·생태주의'에 대하여 고민하면서 실천 방안을 모색하는 중이다. 모성과 생태는 생명과 연관이 깊다. 아이들에게 건강한 지구를 물려주고 싶고, 이에 대한 생각과 실천 방안에 대한 글을 쓰고 싶단다. 실용주의적 글쓰기와 공익적 가치의 융합은 그녀가 추구하는 예술관이다. 여성주의와 수필이 만나고, 생태주의와 글쓰기가 결합하면서 만들어갈 최아란의 세계가 궁금하다. 가보지 않은 길이기에 가능성이 무한하다. 자유롭게 열린 광장이기에 매혹적이다. 자아의 욕망을 포기하지 않으면서 공공의 가치를 추구하는 새로운 윤리의 탄생을 기대한다.

2. 젠더의식과 글쓰기

최아란의 글은 수필 형식인데, 새로운 버전의 수필이다. 트롯을 락 버전으로 듣는 느낌이다. 관점도 언어도 감각도 새롭다. 가요계에 '서태지와 아이들'이 등장했을 때처럼 풋

풋하고 자유롭고 신선하다. 수필의 전통과 윤리라는 두터운 천장을 뚫고 나온 작품이다. 그동안 수필은 자아의 내재성immanence에 갇혀 남성성과 여성성의 구별이 모호했다. 희생과 헌신이라는 모성 신화를 섬기면서 기존 권력의 확대 재생산에 익숙한 글쓰기 양상을 보여 주었다. 이런 양상은 수필이라는 장르가 지닌 본질적 속성 탓도 있고, 수필문단의 권력체계와도 무관하지 않다. 소설이나 시처럼 허구성이 허용되지 않는다는 점, 수필의 출발 지점이 작가의 체험이라는 명백한 규범이 강하게 작동하는 탓이다.

최아란은 여성이라는 주체의 깃발을 내세우면서 여성으로서의 삶을 이야기한다. 엄마이고 아내이지만, 그 이전에 여성이라는 자기 정체성이 확고하다. 그는 어머니라는 가면 뒤로 숨지 않는다. 여성의 시선으로, 여성의 목소리로, 나의 삶을 이야기하겠다는 선언이다. 그래서 그의 수필은 가부장제의 보호막 아래로 회귀하지 않고 새로운 계보를 세운다. 여성으로서 분명한 자의식을 가진 젠더적 글쓰기를 보여준다. 여성과 몸이라는 타자적 향유는 필연적으로 기존의 질서 바깥으로 나가야 가능하다. 그래서 주체의 자리를 설정하고 배치하는 방식이 이전과는 다르다. 어머니가 아닌 여성으로, 이성보다 감각으로 세계를 대면하고 해석한다. 수필의 규범 앞에서 망설이거나 눈치를 보지 않는다. 오히려 당당하다. 내면에 자리한 젠더적 정체성이나 세계를 대하는 감각 체계가 단단하다는 증거이다.

> 어느 날 문득 어른이 되고 엄마가 된 당황한 딸들이 질끈 용기 내보게 하는 글을 쓰고 싶다. 포기하고 싶을 때 꺼내 보라고 주신 사부님의 비법 주머니까지는 아니더라도 시행착오를 고해하는 오답노트 정도는 되고 싶다. 식은 도시락통 안에 든 작은 쪽지이기를, 나도 너처럼 이곳에 왔다 갔다는 낙서라도 되고 싶다. 할머니와 어머니로 이어진 어미라는 종의 역사가 나를 통해 너에게로 전해졌음을 일러주는 문장이 되고 싶다. 내가 자꾸 글 속에서 애들을 끄집어내고, 어머니의 둥실한 허리에 매달리고, 할매들 빈 젖에 파고드는 이유도 이 때문인지 모른다.
> — 〈엄마와 딸과 그 딸〉에서

최아란이 보여주는 여성주의 수필은 젠더적 관점을 고수한다. 글쓰기를 통해 자아의 정체성을 확인하고, 엄마라는 역할과 위치를 통해 자아를 성찰하고, 엄마와 딸로 이어지는 운명적 관계를 역사라는 맥락으로 연결한다. 작품 〈엄마와 딸과 그 딸〉에서 작가는 글쓰기에 대한 분명한 자의식을 보여준다. 여성에서 엄마로 위치변경을 하면서 당혹스러워할 딸에게 자신의 경험과 지혜를 전수하기 위해서 글을 쓴다고 밝힌다. 나아가 남성의 역사에서 독립된 역사의식을 드러낸다. 이런 지점이 최아란의 글쓰기가 지향하는 출발지이자 종착지이다. 자아의 존재 인식이 남성중심의 관계성에서 벗어나 여성이라는 개별적 고유성을 획득하는 순간이다. 이런 양상은 이전 수필에서 한 걸음 진화한 것이다.

화자는 "불쌍해서, 내 딸들이 불쌍해서 울었다. 이 핏덩이가 앞으로 여자로 살아갈 일이 애처로워서."라는 엄마의 말로 회귀하지 않는다. 화자의 언술은 "나는 울지 않았다. 내가 여자를 낳아서 울지는 않았다."로 바뀐다. 이런 언술의 진화는 수필에서 지겹게 반복되던 모성예찬이나 어머니 희생서사에서 벗어난 모습이다. '어머니'와 '모성'은 수필에서 거대한 신전과도 같다. 최아란은 이 신전에서 내려온다. 화자는 장녀로 태어나 직장 여성으로서 "참고 차별받고 눈치보고" 살아온 엄마의 삶을 부정하지도 않지만, 그렇다고 예찬하지도 않는다. 엄마의 삶은 그대로 인정하면서, "여자라서 좋은 날들을 부풀리겠지만 그렇지 않은 날들의 절망 또한 숨길 생각은 없다."라며 균열의 양상을 보여준다.

젠더의식과 모성신화에 대한 균열의 양상은 역사의식으로 이어진다. 역사는 승자의 언어였고, 남성의 언어가 지배했다. 2015년 노벨문학상을 수상한 알렉시예비치의《전쟁은 여자의 얼굴을 하지 않았다》도 전쟁에 참전했지만 역사에서 사라진 여성의 목소리를 복원한 것이다. 최아란은 '할머니, 어머니, 나'로 이어지는 여성의 역사를 자각한다. "할머니와 어머니로 이어진 어미라는 종의 역사"를 글쓰기를 통해 딸들에게 전하겠다고 천명한다. '어미'라는 이름으로 이어지는 역사란 바로 엄마의 이야기이며, 여성의 역사이다. 여성의 관점에서 엄마의 삶을 기록하고 전한다는 다짐이다. 여성으로서의 삶이, 엄마로서의 삶이 역사성을 가진다는 자각은 그녀의 글쓰기가 젠더의식에서 시작되었다는 것을 의미한다. 이런 태도는 최아란의 수필이 문학성이라는 좁은 테두리에서 벗어나 인문학적 글쓰기로 확장하려는 몸짓이다. 수필의 자리가 더 넓은 광장으로 이동하고 있음을 보여주는 긍정적 징후이다.

3. 몸으로 감각하기

"몸은 항상 자기가 아니다." 몸 철학자 메를로 퐁티의 주장이다. 몸이 자기가 아니라면, 몸을 바탕으로 한 자아 역시 실제 자신과 일치하지 않는다는 말이다. 몸은 고정된 무엇이 아니라 항상 흐르거나 움직이니까. 주체와 객체라는 관계성 속에서 주체의 고유한 세계를 구축하려는 수필의 근대적 기획은 유동적 몸 앞에서 좌절한다. 또한, 메를로 퐁티는 사유의 출발점을 과학적 합리성을 담보한 이론이나 철학적 반성으로 보지 않고, 구체적으로 주어지는 삶의 현장에서 시작한다고 주장한다(조광제, 〈몸과 세계, 그 떨림의 전 우주적 아날로그〉). 그렇다면 수필의 본령인 '체험/ 고백/ 성찰' 등의 출발도 몸에서 시작해야 하지 않을까. 나아가 수필의 윤리성이나 삶의 철학성 따위도 구체적인 삶의 현장이나 몸의 감각에서 길어 올려야 한다는 논리가 성립된다. 체험에서 우려낸 삶의 일리—理도 몸과 대상이 교차하고 감각하는 지점에서 발생한다.

최아란은 '몸으로 감각하기'의 레일에 올라탄다. 주체(자아)의 시선으로 대상(몸)을 바라보면 몸은 타자의 자리에 놓인다. 몸을 정신의 하위개념으로 설정하거나, 몸과 마음을 분리하는 이분법적 태도는 여성의 몸을 타자화시킨다. 최아란은 여성의 몸을 타자화하지 않고 작품의 전면에 내세운다. 그녀에게 몸은 관념이 아니다. 모든 존재의 근원이면서 살아있음을 감각하는 통로이다. 비약하면 몸으로 감각하지 못하는 것은 모짝 뜬구름과 같다는 생각이 깔려 있다. 목욕탕에 있는 나와 딸애 머리 빗기는 나는 같지만 다르다. 몸이 놓이는 자리와 몸이 만나는 대상이 다르기 때문이다. "각각의 나는 모든 나(들)의 교차점이다(메를로 퐁티)."라는 말처럼 나(자아)를 규정하는 것은 타자들이다. 요컨대 자아의 정체성 혹은 관계의 진정성은 몸이 수행하는 수많은 교차적 관계 속에 숨어있다.

① 귀걸이 한 쌍 차지 않은 맨몸, 눈썹 한 줄 긋지 않은 맨 얼굴. 어미 늑대마냥 처진 가슴 덜렁거리는, 중력에 닿은 몸, 알짜를 내준 몸, 새끼를 길러낸 암컷의 몸. 그냥 보아서는 누가 누군지 구분할 수도 없다. 한 개를 뺏기고 한 개를 뺏느라 서로 억척을 부려왔을 테지만 이제 와 벗고 앉으니 모두가 하나의 물상이다. 다 합쳐도, 따로 보아도 그저 한 덩

어리의, 체취 있는 뼈와 살. 엄마, 아내, 딸, 여자라는 개체. 동일한 생장을 거치고 대동소이한 역사를 지닌 자연계의 한 부류다.

- 〈여탕보고서〉에서

② 다른 잔소리할 겨를도 없다. 말없이 머리를 만지고 머리를 맡기며 우리는 머리칼에도 감각이 있는 듯 달고 쓴 것을 느끼고, 온하고 냉한 것을, 거칠고 부드러운 것을 교감한다. 귀한 것, 짠한 것, 고마운 것, 미안한 것. 머리 만지는 내 손끝에 모든 게 닿고 모든 걸 실어 가만가만 매만진다.

- 〈마니차〉에서

작품 ①은 한산한 평일 낮 목욕탕의 풍경과 사유를 쓴 작품이다. 주목할 것은 화자가 붙잡은 사유의 실마리가 '여성의 몸'이다. 목욕탕이라는 특이한 장소성이 이성적 존재이자 사회적 존재인 인간을 '하나의 물상'으로 변환시킨다. 이 지점이 흥미롭다. 몸으로 마주서야 계급도 불평등도 극복하고, 인간의 본질을 만날 수 있다는 주장이다. 화자는 몸으로 만나는 그곳에서 안도감을 느끼고, 마침내 "포식자도 경쟁자도 없는 물가에서 평화를 만끽한다." 나아가 서로를 연민한다. 화자가 느끼는 안도감, 평화로움, 연민 같은 감정은 몸을 통해 교감하는 과정에서 얻은 소득이다. 목욕탕에서 주체는 자아가 아니라 몸 그 자체이다. 몸이 말을 하고, 몸이 행동하고, 몸이 생각한다. 자아성찰이라는 수행도 몸을 닦는 행위를 통해 도달한다. 그러니까 몸으로 정신을 구현한 셈이다.

작품 ②는 수필에서 흔한 주제인 모성애를 이야기한다. 두 아이를 기르면서 샘솟는 사랑과 부끄러움, 인내심 등 복잡다단한 심층을 보여준다. 화자는 아이를 돌보면서 느끼는 애착과 그런 관계에서 솟아나는 모성을 '감각'이라는 창을 통해 발언한다. 손으로 아이의 머리를 땋고 틀어 올리면서 충분히 교감하고 애틋함을 실어 보낸다. 둘 사이의 교감은 엄마의 손과 아이의 머리카락을 통해 이루어진다. 몸(손)과 몸(머리카락)이 맞닿으면서 둘 사이에는 모종의 사건이 발생한다. 바로 교감이다. 화자에게 모성이란 "굽은 손가락이 마니차를 쓰다듬"듯 "그저 너의 머리를 쓰다듬"고 감각하는 행위 그 자체이다. 숭고한 모성애를 사건이 아닌 '감각하기'라는 새로운 창을 통해 이야기한다. 화자는 낡고 오래

된 집에 감각이라는 새로운 창을 하나 내었을 뿐이다. 그런데 그 창을 통해 불어오는 바람이 상큼하고 발랄하다.

  정신과 이성이 남성적 특질이라면, 몸과 감각은 여성적 특질이다. 그래서 최아란이 지향하는 여성주의적 글쓰기와 몸으로 감각하기는 동일한 맥락으로 연결된다. 여성의 몸은 수필에서 금기의 영역 혹은 신비의 대상으로 머물렀다. 최아란은 여성의 몸을 바깥으로 불러내어 주체의 자리에 세운다. 그리고 그 몸의 언어인 감각을 통해 세계와 교감하고 인식한다. 수필에서 뿌리 깊은 데카르트식 인식체계를 전복한다. 기승전결이 논리적으로 정연하게 면을 분할하던 구체제를 뒤엎고, 점과 선으로 세계와의 관계를 다양하게 디자인한다. 메를로 퐁티의 전언처럼 몸은 독립적으로 존재하는 것이 아니라, 세계와의 애매한 관계 속에서 존재한다. 이 애매하고 유동적 지점을 감지하는 것이 작가의 감각이다. 최아란은 이런 감각이 발달한 작가이다. 그녀는 몸으로 감각하기와 여성주의적 글쓰기가 수필의 광장에 착근할 가능성을 열어주었다. 하여, 최아란의 수필을 새로운 계보학이라 명명할 수 있겠다.

언니 의자

초판발행 2022년 1월 25일

지은이 최아란
펴낸이 신지원
펴낸곳 소소담담
등 록 2015년 10월 7일(제2017-000017호)
주 소 대구광역시 북구 호국로43길 7-19
전 화 053-953-2112

값 14,000원

ISBN 979-11-88323-79-1(03810)
ⓒ 최아란 2022

* 저자와 출판사의 사전 동의 없는 무단 전재 및 복제를 금합니다.